大海就在那

THE SEA IS
RIGHT THERE

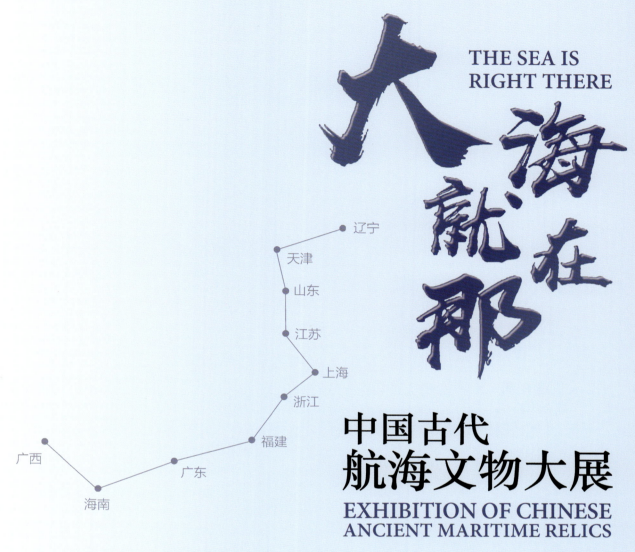

辽宁
天津
山东
江苏
上海
浙江
福建
广东
广西
海南

中国古代
航海文物大展

EXHIBITION OF CHINESE
ANCIENT MARITIME RELICS

图录

———— 中国航海博物馆 编著

文物出版社

图书在版编目（ＣＩＰ）数据

大海就在那 ：中国古代航海文物大展图录 ／ 中国航
海博物馆编著. -- 北京 ：文物出版社，2021.11
ISBN 978-7-5010-7248-4

Ⅰ．①大… Ⅱ．①中… Ⅲ．①航海－文物－中国－图
录 Ⅳ．①K875.32

中国版本图书馆CIP数据核字（2021）第208211号

大海就在那　中国古代航海文物大展图录

作　　　者：中国航海博物馆

责任编辑：谷　雨
摄　　影：张　冰
责任印制：陈　杰
责任校对：赵　宁

出版发行：文物出版社
社　　址：北京市东城区东直门内北小街2号楼
邮　　编：100007
网　　址：http：//www.wenwu.com
经　　销：新华书店
制版印刷：天津图文方嘉印刷有限公司
开　　本：889mm×1194mm　1/16
印　　张：20.5
版　　次：2021年11月第1版
印　　次：2021年11月第1次印刷
书　　号：ISBN 978-7-5010-7248-4
定　　价：460.00元

大海就在那
THE SEA IS RIGHT THERE
辽宁
天津
山东
江苏
上海
浙江
福建
广东
海南
广西
中国古代航海文物大展

目　录

大海就在那：中国古代航海文物大展

专题研究

后　记

图版目录

大海就在那

中国古代航海文物大展

THE SEA IS RIGHT THERE
EXHIBITION OF CHINESE ANCIENT
MARITIME RELICS

辽宁

天津

山东

江苏

上海

浙江

福建

广东

广西

海南

序 FOREWORD

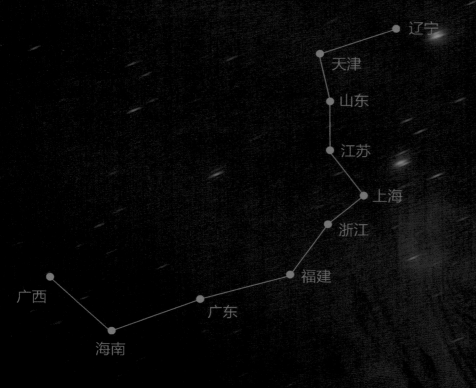

辽宁

天津

山东

江苏

上海

浙江

福建

广西

广东

海南

中国航海博物馆

文明因交流而多彩，因互鉴而丰富。古代中国虽始终以大陆农耕文明为根基，但海洋文明也在先民同海洋的交互中，与中华文明相伴相生。从远古时代先民"刳木为舟"，到千帆竞渡的"海上丝绸之路"，苍茫浩渺的海洋不曾阻挡中华民族探索世界的决心，而是成为先民沟通海外的纽带与交流互鉴的桥梁。悠久的海洋文化传统，造就了古代中国辉煌灿烂的航海科技与航海文明，成为中华优秀传统文化的重要组成部分。

中国航海博物馆作为国家级航海博物馆，肩负着"弘扬航海文化、传播华夏文明"的重要使命。近年来，我们连续举办"风好正扬帆：中国古代航海科技展""长三角航海非物质文化遗产大展""靖海神机：中国航海火器文物展"等多个航海主题原创展览，力求以精品展览为媒介，讲好中国航海故事，传播中国航海声音。

此次，中海博集多年沉淀、汇多方之力，隆重推出大型原创文物展览——"大海就在那：中国古代航海文物大展"。展览联动空前广阔的参展区域，通过沿海各地特色的精品文物，勾勒两千年航海脉络，为观众讲述中国古代通过海洋与海外交流互动并跨越差异走向汇流的航海传奇。这是贯彻中海博办馆宗旨的需要，也是我们举办此次展览的初衷与愿景。

作为行业博物馆，能得到如此多同行单位的支持，荟萃众多重量级的航海相关藏品，亦是中海博之幸。风又来，帆再起。中海博将不忘初心，继续推出航海精品展览，为提升中国航海文化自信做出更大贡献！

中国航海博物馆党委书记、副馆长　张东苏

天津博物馆

中华民族伟大的航海足迹，渊源悠久。

早在新石器时代，沿海的先民们就使用简单的航海工具，以坚忍的意志和开阔的胸襟，在神秘而广阔的蔚蓝海域探索。汉武帝时曾多次派人乘船赴南海贸易，最远到达印度南部的黄支国和已程不国（今斯里兰卡），形成了影响深远的"海上丝绸之路"，后经两晋隋唐的发展，宋元时期达到鼎盛。明初郑和奉命下西洋，足迹遍布亚洲、非洲 30 多个国家和地区，创造了中国古代航海史上的一次壮举。

先民们在漫长而宽阔的亚洲海岸线上进行的海上贸易和航海行动，开辟了"海上丝绸之路"，创造了伟大的海洋文明，对中华文明的演进产生了重要影响。象征着开放、深邃、流动、无边界的海洋文化也深深影响着天津这座城市。"津门极望气蒙蒙，泛地浮天海势东。"地处渤海之滨的天津，是北方最大的沿海开放城市。海洋，一直充当着天津对外联络的重要媒介，也是解读天津城市文化的重要密匙之一。2015 年，天津博物馆联合福建博物院、南京博物院、浙江省博物馆、山东博物馆、广东省博物馆、广西壮族自治区博物馆和海南省博物馆等文博单位举办"海上丝绸之路文物精品大展"，再现横跨万里的海上贸易与文化交流的壮阔图景。本次中国航海博物馆举办的"大海就在那：中国古代航海文物大展"精品荟萃，重器辉映，定将进一步讲好中国航海故事，充分展现中国古代航海的光辉历程和璀璨成果。

预祝展览取得圆满成功！

天津博物馆馆长

辽宁省博物馆

　　中国有漫长的海岸线，绵延在渤海、黄海、东海、南海的辽阔水域，与浩瀚的世界第一大洋——太平洋相通相连，这就为我们祖先进行海洋活动、发展海上交通提供了极为有利的条件。为了讲好中国航海故事，展示中国古代航海历史，领略博大精深的中华航海文明，2020年12月28日，中国航海博物馆精心筹办的"大海就在那：中国古代航海文物大展"隆重开幕，25家文博单位共襄盛举，160余件文物交相辉映，讲述着一个航海大国昨日的辉煌。

　　辽宁是中华文明发源地之一，也是东北地区唯一的沿海省份，航海遗迹、遗物丰富。在新石器时代，辽东半岛的先民已能用火与石斧"刳木为舟"；朝阳十二台营子出土的春秋战国时期鳐鱼形铜饰表明当时海洋文化的影响已深入内陆；位于葫芦岛绥中县海滨的秦汉碣石宫遗址群是除秦都咸阳和汉都长安外，极少见的大型秦汉宫殿建筑群；绥中三道岗元代沉船的打捞是我国水下考古工作者第一次独立完成的水下考古工作，在我国水下考古史上具有重要意义；锦州天后宫始建于清雍正三年（1725年），供奉着妈祖神祇，是中国最北方的妈祖庙。所有这些，都是我国古代海洋文化体系的重要组成部分。今天，辽海大地的人们继续为中国航海文化的明天书写着灿烂的篇章。

　　奔腾的大海，平静的大海，生命的大海，中华民族在新时代扬帆远航！

辽宁省博物馆馆长　王筱雯

福建博物院

日月之行，若出其中；星汉灿烂，若出其里。

在浩瀚的人类文明里，"海上丝绸之路"所创造的"海丝文化"无疑具有特殊的色彩。

"海上丝绸之路"不仅是中国的，更是世界的。"海上丝绸之路"是已知最为古老的海上航线。中国海上丝路主要以南海为中心，经中南半岛和南海诸国，穿过印度洋，进入红海，抵达东非和欧洲，途经 100 多个国家和地区，涉及国家、人口极为广大，是古代中国与外国交通贸易和文化交往的海上通道，并推动了沿线各国的共同发展。

"海上丝绸之路"是经济全球化的"初始版"，对现代经济全球化具有深刻的启示意义。16 世纪以前，以中国为主导的"海上陶瓷之路"，打通了太平洋—印度洋航线，建立了以中国为中心的东南亚和东北亚贸易区。16 世纪之后，以欧洲列强为主导的"海上陶瓷之路"，打通了太平洋—印度洋—大西洋的全球航线，建立了完整的世界贸易圈。这期间，世界各国人民在"海上丝绸之路"上贸易往来，文化碰撞，极大地推动了世界经济的发展和社会的共同进步，形成了实际意义上的"全球化"。特别是中国的丝绸、瓷器、茶叶充当了"全球化"的主要产品，对东南亚、欧洲都产生了重大影响。互通有无、互惠互利、合作共赢的理念为世界人民接受。

感谢中国航海博物馆的责任担当，策划举办了"大海就在那：中国古代航海文物大展"，让博物馆人在讲好中国故事、坚定文化自信的道路上迈出了坚实的一步。

福建博物院院长

广东省博物馆

　　航海事业是一个国家对外联系的纽带。考古遗存证明，上古时期居住在中国东部沿海的先民就已经在海上乘舟弄潮，随着造船航海技术不断进步、东西洋航线不断延伸、贸易规模不断扩大、文化交流不断深入，至宋元明初航海事业达到鼎盛，中华文明在世界多民族文化的碰撞中熠熠生辉。

　　一部航海史就是一部文明的发展史，灿烂的中国航海史不仅是中华文明的重要篇章，对世界范围内的文明交流与发展也做出了不可磨灭的贡献。2003 年，南印度西海岸出水了一条带有水密隔舱的中国沉船——"泰加勒沉船"，经碳十四年代测定此船沉没于 11 世纪初，即北宋年间中国海船已争雄印度洋。水密隔舱在中国的运用始于唐代，而欧洲直到 18 世纪后期才开始采用，古代中国领先世界的顶尖技术可见一斑，舟帆所及之处皆用中华之术。

　　此前，已有不少沉船遗珍的专题展览，"黑石号""南海一号""南澳一号""华光礁一号"等古老航道上的传奇已经让世人领略了海上贸易和东西方文化交流的盛景。"大海就在那：中国古代航海文物大展"则从科技、物质、史事、贸易、信仰、文化等多个横向维度讲述浓墨重彩的中国航海事业，全面呈现古代中国航海事业为何发达、如何繁华、有何深远影响。

　　在中国航海的繁荣画卷中，广东占据举足轻重的地位，徐闻、合浦开海道之先，广州揽货物奇珍之众。一条金项饰，承载着广东海贸史的厚重；鎏金西洋钟，折射出广东开放包容的胸怀；双凤六狮瓮，凝结着中华陶瓷艺术的精华。粤博携珍宝，与您共享中国航海的文化盛宴！

广东省博物馆馆长 

广西壮族自治区博物馆

　　古代人类在向海洋探索、开拓的过程中，逐渐懂得借助季风与洋流等自然条件，不断创新航海技术，成功开辟了连接东西方的"海上丝绸之路"。广西是古代"海上丝绸之路"的重要节点，历年出土的相关文物亦使得广西古代海路贸易及文化交流的轮廓渐显。我馆立足馆藏的"海上丝绸之路"文物资源开展相关宣传、保护、研究工作，先后多次主办或参与"海丝"主题展，社会反响热烈。2018 年，我馆成立广西古代海上丝绸之路研究中心，专门负责组织开展广西"海上丝绸之路"相关课题研究和宣传推介工作。

　　中国航海博物馆以"弘扬航海文化"为己任，联动 10 省（区、市）25 家博物馆，策划"大海就在那：中国古代航海文物大展"，将中外航海文明交流的故事向观众娓娓道来，立体化、系统性地展示了中国古代航海进程，是讲好中国航海故事、增强航海文化自信的一次高水平展览。广西壮族自治区博物馆此次参展的 7 件珍贵文物，包含黄金、玻璃、水晶、琥珀、玛瑙、陶瓷等材质，是我国与东南亚、南亚、西亚及地中海等诸多文明区域在商品贸易、科技文化、生活审美等方面进行交流、融合与发展的重要物证。本次展览精品荟萃、重器辉映，图录内容自是精彩纷呈，为观众读者献上一场高质量的文化盛宴。

广西壮族自治区博物馆馆长　

海南省博物馆

　　南海，自古以来一直是环南中国海周边国家与地区互通之海，当然，更远处的东、西方国家与地区的古代交流与往来，也必须通过它。远古，南海诸岛国就已泛舟与中国大陆发生朝贡关系，《尚书·禹贡》所谓"岛夷卉服，厥篚织贝，锡贡"即是。而秦始皇遣方士徐福率三千童男童女出海求蓬莱，也是奔其而去。汉以降，南海因"地极燠，故曰炎海；水恒溢，故曰涨海"（《琼州府志》），涨海推舟，过往舟楫更多，"交趾七郡贡献皆从涨海出入"（《后汉书》）。入唐，自"广州通海夷道"开通，一条东起广州，途经南海而通往东南亚、印度洋、波斯湾，直达幼发拉底河巴格达，全长 1.4 万公里的首条有历史记载的贯穿中西方的"海上丝绸之路"正式形成。宋、元，南海上的"千里长沙，万里石塘，上下渺茫，千里一色，舟舶往来，飞鸟附其颠颈而不惊"（《琼管志》），时不时现帆影，沉睡在南海水下的"南海一号""华光礁一号"等宋代沉船皆斯时英雄壮歌。明代，郑和七下西洋，千帆竞过南海。至清，粤海关、琼海关之设，海上贸易已蔚然成风。

　　海南素来是文物小省，自南海归入海南管辖，骤为水下文物大省。于是，轻叩沉船，捧出南海水下文物，充分展示南海水下文化遗产，便成了海南省博物馆的使命。

　　今值"大海就在那：中国古代航海文物大展"于中国航海博物馆开幕，特为序。

　　　　　　　　　　　　　　　　　海南省博物馆馆长

南京市博物总馆

　　古代"海上丝绸之路"是一条通过"航海"进行交流的重要通道。博物馆通过精品文物的展示，在重现古代"海上丝绸之路"的发展历程、揭示其突出价值和普遍意义等方面，具有得天独厚的优势和难以替代的作用。

　　长期以来，南京市博物总馆致力于打造"海上丝绸之路"主题展览。其中2017~2018 年，由南京市博物总馆、宁波博物院、中国航海博物馆共同主办的"CHINA 与世界：海上丝绸之路沉船与贸易瓷器大展"先后在三馆进行巡回展出，取得了良好的社会反响，这为与中国航海博物馆之间的长期友好合作奠定了坚实的基础。

　　欣闻中国航海博物馆联合沿海 10 省（区、市）25 家博物馆，举办"大海就在那：中国古代航海文物大展"，荟萃 160 余件精美航海文物，展示中国古代航海的独特魅力和永恒精神，为观众奉献一道来自博物馆的文化盛宴。回首历史，古代"海上丝绸之路"曾为推动东西方跨文化交流做出了重要贡献；放眼未来，建设"21 世纪海上丝绸之路"体现了人类社会的共同理想和美好追求。博物馆是连接过去、现在和未来的桥梁，是保护和传承人类文明的重要殿堂，让我们博物馆人携手，共同为推进"21 世纪海上丝绸之路"建设做出应有贡献。

南京市博物总馆馆长

中国港口博物馆

有航就有港，港口是航行的起点、驿站和目标。港口为航行提供技术和物质支持，航行为港口带来生机与活力。港口技术的进步使航线更长，效率更高；航线的扩展使港口的内涵更加丰富，体系更加完善。港口与航行相伴而生，相待而成，共同促进了社会经济的发展和繁荣。

坐落于世界航运中心上海的中国航海博物馆，是中国最大的国家级航海专题博物馆，它以保存、延续和弘扬中国航海文明为己任。而坐落于具有"海丝"活化石之称的宁波港的中国港口博物馆，同样是中国唯一的国家级港口专题博物馆，它以研究港口历史和传承港口文化、打造新世纪"海上丝绸之路"的文化支点为使命。港、航天然的关系，探索、研究、开拓中华海洋文化的共同目标，造就和促成了两家博物馆紧密的关系。几年来，两馆在文物互借、合作办展、学术会议、文创开发、"海专委"建设等领域展开了广泛而深入的合作，成就斐然。

"大海就在那：中国古代航海文物大展"是中国航海博物馆对航海历史和航海文化的最新解读，是中国古代航海文物的盛宴，也是对"海上丝绸之路"历史的侧写。展览的举办必将促进社会各界对中国航海历史的关注，也必将促进航海文化的研究和传播。

"大海就在那"——这是海洋强国时代对致力于海洋文化研究、保护、传承、开拓者的召唤，更是新时代要奋进开拓更广阔海洋空间的铮铮誓言。愿我们能以此为契机，共同为建设海洋强国做出最大的努力和贡献！

中国港口博物馆馆长

烟台市博物馆

大海，是沟通南北的桥梁，也是连接世界的舞台。中华大地有绵长的海岸线，古代先民一直对大海怀抱探索之心。

烟台所在的胶东半岛，襟岳带海，从旧石器时代晚期开始就出现人类繁衍生息。原始先民顺应自然环境，从山地和海洋中获取生活资源，开拓生存空间，创造出富有滨海特色的远古文化。在漫漫历史长河中，烟台与大海的关系紧密相连。这里是徐福寻找不老丹药的出发地，是东方"海上丝绸之路"的起航港，也是明清海防御敌的主战场。及至近代被迫开埠，烟台一跃而为北方海上重镇。进入新中国，烟台乘着改革开放的东风，在大海中扬帆起航。

本展览开篇第一单元"联通大洋"，再现了古代中国的航海科技。烟台市博物馆荣幸地提供了一组展品——珍珠门文化时期陶鬶、商代陶罐和周代陶罐。珍珠门文化约在商末周初由胶东的岳石文化演变而来，是东莱夷人特有的文化。这三件展品是烟台先民生活与大海息息相关的珍贵遗存，展现出人类与大海悠久而紧密的联系。

大海将我们送至世界的各个角落，大海也将我们联通到一起。感谢中国航海博物馆提供的这次契机，让 10 省（区、市）25 家博物馆的珍贵文物齐聚一堂，交流互鉴。让我们在展览中领略中华航海文物的风采，感受中华航海文明的伟大！

烟台市博物馆馆长

THE SEA IS
RIGHT THERE

中国古代
航海文物大展
EXHIBITION OF CHINESE
ANCIENT MARITIME RELICS

第一单元
联通大洋

UNIT I
CONNECTING OCEANS

工欲善其事，必先利其器。要以人力跨越浩瀚汪洋，造船与航海技术不可或缺。作为世界上最为强大的航海大国之一，古代中国的航海科技一度称雄世界。正是得益于不断发展进步的造船与航海技术，代代相传的航海经验与成果，古代先民才能够扬帆七海，变大洋为通衢，搭建起沟通海外各地的桥梁。

A handy tool makes a handyman. Shipbuilding and navigation technologies are essential to sailing across the vast ocean by manpower. As one of the greatest maritime powers in ancient times, China had a dominant position of navigation technology in the world. Driven by progressive shipbuilding and navigation technologies, and the navigation experience and achievements handed down from generation to generation, our ancestors were able to set sail to anywhere, turning oceans into a thoroughfare and bridging all parts of the world.

在中国沿海发现有大量远古时代贝丘遗址，这是史前人类食后抛弃的贝壳和各种蚌类形成的堆积，这些遗址往往还同时出土贝质生产工具，证明沿海先民很早就开始了对海洋的探索。

1 | 贝铲
Seashell Shovel

新石器时代
长 13.5、宽 8.6、孔径 2.2 厘米
福建闽侯昙石山遗址出土
福建博物院藏

呈不规则梯形，弧背弧刃，中部偏上位置穿对称双孔，器体较薄。位于闽江下游地区的昙石山遗址距今已有四五千年，是福建海洋文明的发源地。遗址中出土了各类由牡蛎壳制作的贝质工具，构成昙石山文化中海洋文明的独特风格。

2 贝铲
Seashell Shovel

新石器时代
长 17.4、宽 8.9、孔径 1~1.1 厘米
福建闽侯县昙石山遗址出土
福建博物院藏

　　平面呈长椭圆形，弧背弧刃，穿有一孔。由灰白色天然牡蛎壳磨制而成，腐蚀痕迹明显，是新石器时代较为常见的贝器。

3 | 贝刮削器
Seashell Scraper

新石器时代
长 20、宽 7.7 厘米
福建闽侯昙石山遗址出土
福州市博物馆藏

　　近长方形，器表凹凸不平，由长形牡蛎壳磨制
而成。刮削器是一种小型生产工具，至少有一个以
上的边缘经过处理，形成不同形状的刃口，可供切
割、刮削之用。

4 | **有段石锛**
Stepped Stone Adze

新石器时代
长 8、宽 3.5 厘米
辽宁大连小珠山遗址出土
辽宁省博物馆藏

　　长条形，器形规整，单面平刃。刃部较厚，柄部较薄，呈阶梯状，供捆绑固定之用。小珠山遗址位于辽宁省大连市长海县，是典型的北方史前时代贝丘遗址。

　　早期，人们只能使用葫芦、筏子等原始工具渡水。随着生产工具的发展、木材加工技术的进步和火的使用，古人具备了以木材制作舟船的技术条件。适用于深挖作业，可用来剖凿木头的有段石锛就是造船的重要工具之一。

5 | 木桨
Wood Paddle

新石器时代
长 103、宽 11 厘米
浙江余姚田螺山遗址出土
中国航海博物馆藏

　　小圆柄，桨叶长而扁平，起中脊，横断面呈菱形，头端尖似矛。整器磨光。田螺山遗址属河姆渡文化早期，出土近30件大小不一、形态各异的木桨，其中多数比较完整，且大部分出土于河岸附近。由此可知，通过水路驾舟出行是当时东南沿海地区重要的交通方式。

　　最早的船是独木舟，可以用火焦法快速制造出来：将一大段树干在中腰处用火烧焦，再用加柄的有段石锛剖凿出船体。"刳木为舟、剡木为楫"说的正是古人剖凿木头制成小船、削木头制成船桨的事迹。

随着航渡工具的发展，航海活动越发频繁，甚至达到通过海路开展文明交流的程度。在北方蓬莱海域出水的大量早期陶质生活用具，为这一可能提供了实物依据。

6 | 陶鬲
Pottery Yan

商（约公元前 16~前 11 世纪）
残高 26、腹径 23 厘米
山东蓬莱海域出水
烟台市博物馆藏

　　敛口，圆腹，分裆，三袋足。器壁厚重，器表
粗糙，夹砂褐陶质。器身有大面积海洋微生物附着
体，是蓬莱先民进行航海活动的遗物。

7 │ **陶罐**
Pottery Jar

商（约公元前 16~前 11 世纪）
高 54、口径 19、底径 20 厘米
山东蓬莱海域出水
烟台市博物馆藏

　　敞口，束颈，溜肩，腹部以下渐收，平底。为
古代出海作业生活用具，器表腐蚀严重，九成以上
为海洋生物覆盖。

8 **陶罐**
Pottery Jar

周（公元前 1046~前 256 年）
高 36、口径 18、底径 9.5 厘米
山东蓬莱海域出水
烟台市博物馆藏

　　敞口，束颈，溜肩，鼓腹，腹下部渐收，平底，口部已残。为古代出海作业生活用具，器身部分附着有海洋微生物。

9 羽人竞渡纹铜钺（复制件）
Bronze Yue with Pattern of Boat Race of Plumed Men (Replica)

战国（公元前 475~前 221 年）
通长 10.3、刃宽 12.1、柄宽 4、厚 1.9 厘米
浙江宁波鄞州区出土
宁波博物院藏

　　斧形，中空，单面刃。其中一面边框线内通体阴刻，上部刻两条相向的龙，前肢弯曲，尾向内卷；下部边框底线表示轻舟，内坐四人，头戴羽冠，手持桨作奋力划船状。另一面素面无纹。也有学者认为，四人头顶上方是船帆，说明两千多年前的越人已经使用船帆航行。

10 | 羽人竞渡纹铜钺
Bronze Yue with Pattern of Boat Race of Plumed Men

战国（公元前 475~前 221 年）
通长 12.1、通宽 11.7、柄径 2 厘米
中国港口博物馆藏

　　靴形，单面刃，左右两侧不对称。上部阴刻龙纹，下部边框线内刻三羽人竞渡纹。也有学者认为，三人头顶上方为船帆。

　　最早的船只能使用人力。帆出现后，人们得以充分借用风力以助船势。据文献记载，夏商时中国已出现帆，东汉时基本形成安全、有效的中国帆，宋元海船一般同时张挂主帆与小帆。

11 | 海舶纹菱花铜镜
Flower-petal-edged Bronze Mirror with Pattern of Sea and Ship

金（1115~1234 年）
直径 18.5 厘米
中国航海博物馆藏

　　八出菱花形，圆纽，窄缘突起。镜背图案为一艘桅杆高耸的船只在惊涛骇浪中前行，船头三人，船尾二人，船身两侧有四道篷索，从不同方向加固桅杆，单片狭长的船帆已在风中张满，呈现出满帆远航的意境。海舶周围以流畅的细阴线表现波涛纹，海兽隐现。

櫓至迟在汉代已出现，它比桨更高效、便捷，故有"一櫓抵三桨"之说。櫓变桨的间歇划水为连续划水，大大加快了船的航行速度，还兼有操纵和控制船舶航向的作用，是船舶推进工具的重大革新。

12 | 船纹铜提筒（复制件）
Bronze Pail with Pattern of Ships (Replica)

西汉（公元前 202~公元 8 年）
高 40.7、口径 34~35.5、底径 33~33.5 厘米
广东广州南越王墓出土
西汉南越王博物馆藏

近直筒形，近足处稍有收束，上部对称置双耳。器身刻划有目前考古发现规模最大、最完备的海船图形。近口沿处和近器足处的三组纹饰均以勾连菱形纹为主，上下缀以弦纹、点纹和锯齿纹饰。腹中部主题纹饰刻绘四艘首尾相连的海船，首尾高翘，船体明显绘出甲板，船内分隔成五舱或六舱，满载战利品。

每艘船上有五位羽人，头戴羽冠，上身赤裸，下身穿羽毛状短裙。第二位羽人都坐于一器物上，似在敲鼓或演奏某种乐器；第三位羽人都一手执短兵刃，一手抓持一俘虏；第五位羽人都在操持着一条大弧度狭长工具；第一和第四位羽人的动作则每艘船不同，或执弓箭或执钺。船的前后及下方还有海龟、海鱼、鸟等动物。

据分析，每艘船上第五位羽人操持的控船工具应为当时的尾櫓，这是目前关于櫓的最早形象证据，证明在两千多年前，广州已拥有相当规模的造船能力与先进的造船技术。

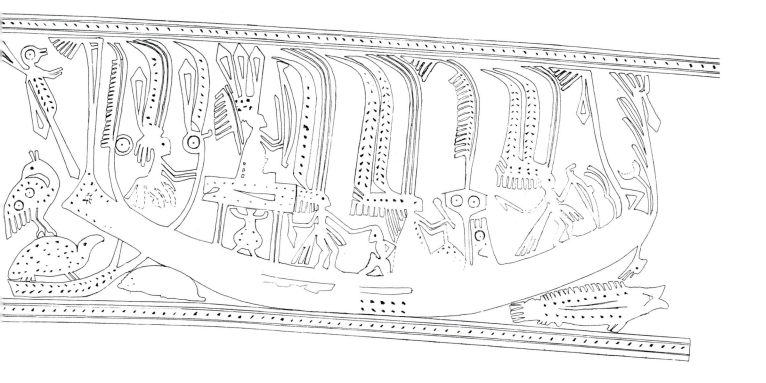

13 | 船纹铜提筒
Bronze Pail with Pattern of Ships

西汉（公元前 202~公元 8 年）
通高 29.6、口径 21、耳距 24.8、底径 18.9 厘米
中国港口博物馆藏

　　器形、纹饰与广州南越王墓出土的船纹铜提筒近似。盖与器身以子母口相扣合，盖顶中心饰一八角星纹。盖和器身近口沿处、近器足处的纹饰均以勾连菱形纹为主，上下缀以弦纹、点纹和锯齿纹饰。腹中部刻绘四组船纹，船上其中一羽人操持的大弧度狭长工具疑为橹。

中国是最早发明舵的国家，船舵至迟在汉代已经得到广泛应用。舵位于船尾，与船中间的重心相距最远，根据杠杆原理，力矩最大，所以只需将舵偏转一个小角度，就能轻易改变船的航向。

14 | 陶船（复制件）
Pottery Boat (Replica)

东汉（25~220 年）
高 21、长 54、宽 18.5 厘米
中国航海博物馆藏

　　原件藏于中国国家博物馆，1954 年出土于广州先烈路东汉墓，为随葬明器。船体呈长条形，首尾狭，中部较宽，底平。船设有前、中、后三个船舱，船上各处布置有若干微型人物。船尾部正中有一舵，舵面呈不规则方形，面积较大，舵杆通过舵室固定在船尾部，方便船员在尾舱顶部通过舵把进行操作。这是世界上已发现的最早船舵形象资料。

水密隔舱技术是用木板将船舱分割成一个个不相通的密封舱区，可以提高船体强度和抗沉性，避免船舱一进水即整船倾覆。这项技术的实用性使远程航行成为可能，在现代造船业中仍普遍使用。

15 | 水密隔舱（模型）
Watertight Compartment (Model)

高 140、长 154、宽 40 厘米
中国航海博物馆藏

在海上航行，占人靠昼观日影、夜观天象辨别方向，遇到阴晦天气时则使用指南针。指南针在北宋初期已经出现，它在航海中的应用开创了船舶全天候导航航海的新时期，是世界航海史上划时代的创造。

16 针碗
Compass Bowl

元（1271~1368 年）
高 7.8、口径 17.8、底径 6.6 厘米
旅顺博物馆藏

这件白釉褐花针碗是一种水浮法指南针，也称水罗盘。碗心绘有三个墨点和一根竖线，近似一个"王"字。使用时，在碗里注水，放入一根穿在浮漂上的磁针，将碗底"王"字的竖线对准船身的中心线。磁针浮在水面上，静止后指示南北方向，而"王"字的竖线与磁针之间的夹角，就指示了船只当前的方向。

这种水浮法指南针实用性强，最先用于航海导航，经历宋、元、明到清初，一直在航海中使用。

17 执罗盘陶俑
Pottery Figurine Holding a Compass

南宋（1127~1279 年）
通高 16.8、底座长 5.5、底座宽 5 厘米
中国港口博物馆藏

　　水罗盘之后，指南针逐渐发展出一种支轴式的航海旱罗盘。海上导航时兼用罗盘与观星，二者相互补充，相互修正。

　　此陶俑手持一支轴式旱罗盘，罗盘有明显表示刻度的条纹，其上贴塑指针，作左右指向。由此有学者认为，早在南宋我国已有了旱罗盘，纠正了此前认为旱罗盘是明中叶始自海外传入的结论。

18 ｜ 航海罗盘
Mariner's Compass

清（1644~1911 年）
高 4、直径 8.5 厘米
中国航海博物馆藏

　　航海罗盘从汉代的式盘发展而来，装配了指南针的罗盘先是用来看风水，10 世纪后被应用到航海中，称为航海罗盘，由一根指南针和中央挖空的刻度盘所组成。

　　此罗盘为 24 方位，分别采用十二地支（子、丑、寅、卯、辰、巳、午、未、申、酉、戌、亥）和十天干中的八干（甲、乙、丙、丁、庚、辛、壬、癸），以及八卦中的四维（乾、坤、艮、巽）来表示。天干、地支与四维均衡排列，其中子、午为正北正南，卯、酉为正东正西。

19 测深铅锤
Sounding Lead Hammer

清（1644~1911 年）
高 9.3、底径 4 厘米
"小白礁一号" 沉船出水
宁波市文化遗产管理研究院藏

　　圆锥状，上细下粗，顶面残，近顶面处有一圆孔，用于穿绳。铅质，器表锈蚀，有贝类附着物。

　　测深锤也称"水垂""水砣""铅锤""试水砣"，是古时保证行船安全的重要辅助工具，它在航海中使用的记载最早见于北宋。船工将系有绳索的测深锤投入海底，根据所用绳索长度及铅锤底部所粘取的海底物质，判断海底状况与航行方位。目前我国已经出土了明、清时期的测深锤实物。

清《浙江海运全案》航行中的沙船正以测深锤测水深

20 ｜ 铁锚
Iron Anchor

明（1368~1644 年）
长 150 厘米
江苏南京宝船厂遗址出土
中国航海博物馆藏

　　古时停船，将与船身相连的石块沉入水中，或把船
系在石墩上，用以稳定船体，称为"碇"。后来由简单的
"系石为碇"进化为"木爪石碇"，又进一步发展为铁锚。

　　此铁锚由锚爪、锚头和锚柄组成，锚爪为四个。四
爪铁锚在使用时必有两爪同时抓地，使船舶更容易停
稳，不易漂移。明清时期，海船已普遍使用四爪铁锚，
且大海船的锚都很大，郑和下西洋宝船上所用的大铁
锚，"非二三百人不能举动"。这些大且重的停泊工具往
往需要在船上设置绞车进行升锚、抛锚作业。

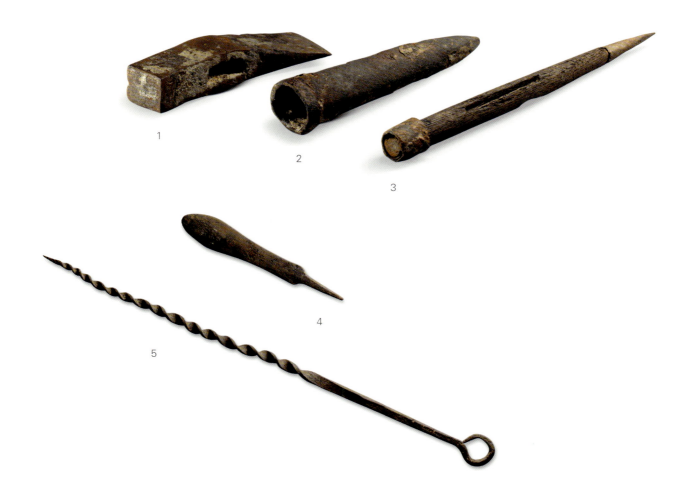

21 造船工具（一组）
Shipbuilding Tools (Set)

明（1368~1644 年）
1. 铁斧：长 15.6、宽 5、厚 2.6 厘米
2. 铁镈：长 18.4、最大直径 4 厘米
3. 铁尖木杆笔形器：长 27.6、直径 1.9 厘米
4. 铁刀：长 18、宽 3.2 厘米
5. 铁钻：长 48.4、直径 1.7 厘米
江苏南京宝船厂遗址出土
南京市博物总馆—南京市博物馆藏

　　南京宝船厂是明初为满足郑和多次下西洋所需
而专门兴建的造船基地，遗址位于南京市鼓楼区中
保村，至今尚保留若干造船工作区，并出土了船用
舵杆、绞关木及铁斧、铁刀等各类造船工具。

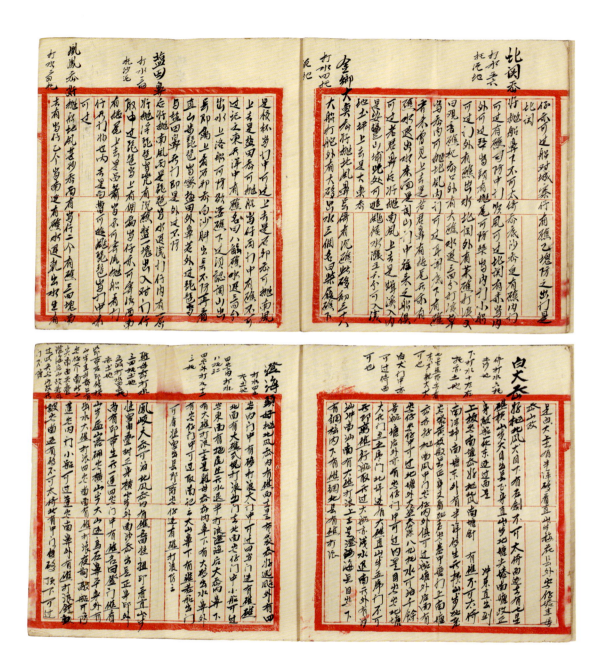

22 《针路簿》
Book of Sailing Routes

清（1644~1911 年）
纵 25.5、横 24 厘米
泉州市博物馆藏

航路指南也称"针路簿""海道针经"，是古代海
上航行的必要参考资料，通常记载航行所需的针位
（航向）、更数（航行时间与距离）、路线、岛礁分布、
潮流等知识，是人们在长期航海实践中经验的总结。

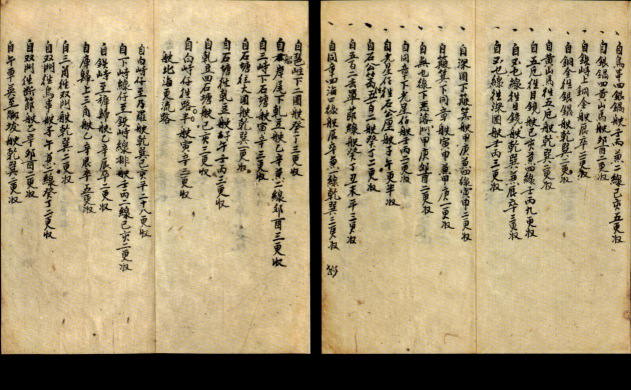

23 《驶船更流簿》（复制件）
Book of Sailing Courses and Tides(Replica)

清（1644~1911 年）
纵 26.5、横 12.5 厘米
中国（海南）南海博物馆藏

　　"更流簿"即"更路簿"，是南海渔民使
适用于南海海区的航路指南，明代就已出
此簿共14页，以极简的文字记录了92条更
每条记载两个地点之间的针路和更数。"
字原文是异体字，左侧为"舟"，表意，右
为"史"，表音，形象表示了"行船"的意
是海南渔民自造字。"更"既表示距离，也
示时间。"流"即是一年潮汐涨落的时间表。

第二单元
异域奇珍

UNIT II
EXOTIC TREASURES

秦汉时期，我国的海外贸易蓬勃发展，以番禺、徐闻、合浦为代表的港口方兴未艾，"海上丝绸之路"已然初具规模，更在唐宋以后全面发展繁荣。发达的航运、繁忙的港口促进了中国与海外的密切往来，使得各式琳琅满目的"藩夷宝货"进入人们的视野和生活，为中国社会带来新的气象。

China's foreign trade flourished in the Qin and Han Dynasties. With the mushrooming ports like Panyu, Xuwen and Hepu, the ancient Maritime Silk Road started to take shape, and ushered in booming growth since the Tang and Song Dynasties. China and overseas markets were connected by shipping and port prosperity that a great variety of exotic treasures were exported to China, bringing new outlook to Chinese society.

24 ｜ 金花泡
Gold Flower-shaped Clothing Accessories

西汉（公元前202~公元8年）
高 0.5、直径 1.1 厘米
广东广州南越王墓出土
西汉南越王博物馆藏

　　半圆球形，焊有金丝图案及小珠，底口焊接一根横条以供缝缀。广州南越王墓共出土 32 枚金花泡饰，为墓主人衣服上的饰物。这是目前中国境内考古发现最早的黄金焊珠工艺制品，其焊接工艺与中国传统金银钿工迥异，而与西方出土的多面金珠上的小珠焊接法相同，是中国较早的舶来品，在古希腊遗址中曾有类似出土物。

25 | 蒜头纹银盒
Silver Box with Garlic Pattern

西汉（公元前 202~公元 8 年）
通高 12.1、口径 13、腹径 14.8、圈足高 1.8 厘米
广东广州南越王墓出土
西汉南越王博物馆藏

　　呈扁球形，盖与器身以子母口相扣合。盖顶面焊接三个银质小凸榫，器底附加一个鎏金铜圈足。盖和器身上采用锤鍱工艺制成对向交错的蒜头形凸纹，每圈各两排，每排 26 枚，排列紧凑而精致。盖与器身结合处的上下边缘各饰一周穗状纹带，表面有极薄的鎏金。器物上还有"一斤四两"等铭文。这件银盒 1983 年出土于广州南越王墓，位于主棺室墓主棺椁足箱中。

　　从蒜头形凸纹、锤鍱式的制造方式、器身银含量等方面皆可证明，这件银盒应是一件海外舶来品，源自波斯地区。来到中国后，工匠又根据汉代银器的特点，加上了铭文、盖上的凸榫和器底圈足。出土时，其内还有半盒黑色丸状物，也可能为舶来品。这件银盒是广州作为中国海外贸易的最早港口、"海上丝绸之路"发源地的重要物证。

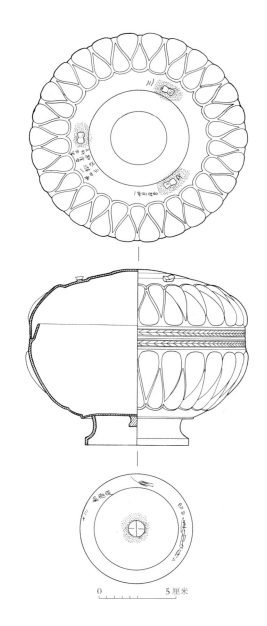

　　中国与中东地区的海上交往由来已久。汉王朝已经同波斯有了间接往来，唐与大食的海上交通进一步发展，海上贸易十分频繁。两地交流广泛，波斯风格的器物和工艺也由波斯湾经印度洋进入中国。

26 波斯孔雀蓝釉陶瓶（复制件）
Persian Pottery Jar with Peacock Blue Glaze (Replica)

唐（618~907 年）晚期
高 74.5、口径 15、腹径 42、底径 17 厘米
福建福州五代闽国刘华墓出土
福建博物院藏

　　敛口，丰肩，长腹渐收，平底沿外突，状如橄榄。颈肩间附有四个绚纹环耳，肩腹部饰四道粗绳状堆纹。橙红陶胎，质较松，通体施孔雀蓝釉，釉质晶莹。此瓶是福州刘华墓出土的三件孔雀蓝釉陶瓶之一，推测为液体类商品的储运器，为9世纪前后的西亚波斯类型陶瓶，通过海外贸易传入，在扬州、宁波等港口也有类似器物发现。

27 嵌宝镶珠镂空錾花金戒指
Hollow Chiseled Gold Ring with Inlaid Jewelry and Pearls

唐（618~907 年）
高 2.3、戒面宽 2.3、指套宽 2 厘米
扬州博物馆藏

　　由黄金、宝石、珍珠等材料制成。戒面四周镶嵌 10 颗珍珠，中央有一凹槽，应嵌有宝石，现已缺失。这枚戒指汇集了錾刻、镂空、镶嵌等工艺，珍珠产自波斯，表面装饰的联珠纹同样具有浓郁的波斯风格。随着中西贸易的扩大，来自中亚、西亚等地的彩色宝石使金镶宝石器在唐代以后逐渐流行。

28 ｜ 陶犀角
Pottery Rhinoceros Horn

西汉（公元前 202~公元 8 年）早期
高 14、底径 5 厘米
广州博物馆藏

　　呈圆锥体状，上尖下宽，微弯曲，底平，红陶胎。汉代本土虽有犀牛、象等动物的踪迹，但东南亚、南亚却更为普遍，这些异兽也通过朝贡贸易等方式随海路远道而来。故犀角、象牙的使用在汉代相当普遍，汉墓中也常出现陶质的仿真犀角、象牙。

30

29

29 "阮"铭金饼
Gold Cake Engraved with Character *Ruan*

西汉（公元前 202~公元 8 年）
直径 6.5 厘米
广西合浦县望牛岭 1 号墓出土
广西壮族自治区博物馆藏

　　圆形，正面凹陷，刻一"阮"字，在
"阮"字上方又细刻一"位"字，背面隆起。

30 "大"铭金饼
Gold Cake Engraved with Character *Da*

西汉（公元前 202~公元 8 年）
直径 6.3 厘米
广西合浦县望牛岭 1 号墓出土
广西壮族自治区博物馆藏

　　圆形，正面凹陷，刻一"大"字，在
"大"字下方又细刻"太史"二字，背面隆起。

　　黄金在西汉时期使用较多，常用于对外贸易
的货币支付。西汉法定黄金铸币形式主要有金饼、
马蹄金、麟趾金及金五铢等。当时的金饼呈不规
则圆饼状，形体有大小之别。大金饼重约 250 克，
相当于当时的一斤；小金饼重约为大金饼的十六
分之一，代表当时的一两。这两枚金饼均为大金饼，
是当时的大额货币，随商品交换流入广西，对研
究汉代币制与广西地区的对外贸易有重要意义。

31 | 弦纹玻璃杯
Glass Cup with Chord Pattern

西汉（公元前 202~公元 8 年）
高 5、口径 7.3、底径 4 厘米
广西合浦县文昌塔 70 号汉墓出土
广西壮族自治区博物馆藏

　　敛口，弧腹，自腰下内收，小平底，腹部饰三道弦纹。经压模成型后精细抛光，呈半透浅蓝，历经两千多年依然晶莹剔透，保存完整，极为罕见。玻璃的化学成分和印度阿里卡梅度的钾玻璃接近，因此有研究认为这件玻璃杯是从印度输入中国的。

　　玻璃，古时称"璧流离""缪琳琅玕""颇黎""药玉""瑾玉"等，是汉代从海外输入货物之大宗，对我国古代玻璃制造技术产生了重要影响。

　　汉武帝平定南越国后，多次派人携大量丝绸、黄金等乘船赴南海贸易，海外水晶、玛瑙等各类宝石和玻璃制品进入中国。这条航路最远到达印度南部的黄支国和已程不国（今斯里兰卡），标志着"海上丝绸之路"的形成。

32 六棱柱形水晶穿珠
A String of Hexagonal Column-shaped Crystal Beads

西汉（公元前 202~公元 8 年）
最长 2.4 厘米
广西合浦县堂排 2 号墓出土
广西壮族自治区博物馆藏

　　九颗。呈透明玻璃色。六棱柱形，中间有一穿孔，表面光洁滑润。水晶硬度为7，性脆。这串水晶穿珠做工精致，选材讲究，反映出当时玉石制作的工具及手艺都达到了很高的水平，具有较高的艺术价值。

33 六棱橄榄形红玛瑙穿珠
A String of Hexagonal Olive-shaped Red Agate Beads

西汉（公元前 202~公元 8 年）
最长 2.6 厘米
广西合浦县堂排 2 号墓出土
广西壮族自治区博物馆藏

　　29颗。呈棕红色。橄榄形，两端截平，有对穿孔。玛瑙是出自西域的胶体矿物，合浦汉墓中出土的制作精美的玛瑙饰物，反映出合浦与海外交通贸易的密切联系。

32

33

34 琥珀小狮
Small Amber Lion

西汉（公元前 202~公元 8 年）
高 0.8、长 1.2 厘米
广西合浦县堂排 2 号墓出土
广西壮族自治区博物馆藏

　　伏卧昂首，前肢屈腿向前，后腿屈收腹下，形体准确，形态生动。

　　狮子产于斯里兰卡、欧洲、非洲等地，汉代开始传入中国，被视作神力王权的象征。这种蹲踞狮子形象在汉代较为常见，应当源于海外古波斯、印度等地文化，用于辟邪。

　　琥珀是一种多成分有机树脂混合物，由树脂石化而成，主要出自欧洲波罗的海沿岸。合浦汉墓出土的狮子、龟、青蛙、印章、耳珰和串珠等琥珀工艺品，应是经"海上丝绸之路"输入我国。

35 水晶玛瑙珊瑚珠串
A String of Crystal, Agate and Coral Beads

东汉（25~220 年）
最长 4.3、最短 0.5 厘米
广州博物馆藏

　　由 100 余颗大小不等的水晶、玛瑙、珊瑚等多种珠子串成，形状各异，颜色多样，研磨光滑，做工精致。中间穿有一金花球，圆球形，空心，制作工艺高超精美，具有古希腊风格。

随着"海上丝绸之路"的贯通,大量波斯、阿拉伯、
印度与马来西亚一带的异域胡商从海路来华贸易。
外国人形象作为一种文化元素频繁出现在汉唐时的
器物中,是东西方海上交往与人口流动的见证。

36 | 胡人俑陶座灯
Pottery Hu-people-shaped Lamp Holder

东汉（25~220 年）后期
通高 28、通宽 18、灯盘口径 11 厘米
广东广州先烈路惠州坟场出土
广州博物馆藏

　　胡人上承灯盘，躯体肥胖，头部缠巾，圆目，高鼻，舌头吐出唇外，口部上下均刻划须纹。突乳，右手作叉腰状，左手按膝上，右腿盘屈，左腿上屈，跣足，手臂、胸腹及腿上刻划体毛。此类胡人俑座灯是岭南地区汉墓的常见陪葬品，最早出现于西汉中期，面目体型与西亚和南洋群岛的人相似，出土时位于主人棺具前后处，可能是汉代达官富人来自海外的男性家奴形象，用以为主人掌灯。

37 | 马来人陶范
Malayan Pottery Mould

唐（618~907 年）
直径 3.6 厘米
江苏扬州农学院工地出土
扬州博物馆藏

　　这件陶范是以"马来人"形象设计制作的，人物特征略有夸张，形象憨厚有趣。唐代时，扬州、广州、泉州等港口城市有大量外国人侨居，还出现了外国商人聚居的"番坊"。当时常见的外来人种有称"昆仑奴"的，大多就是东南亚地区的"马来人"。

第三单元
海史掠影

UNIT III
MARITIME GLIMPSES

当广阔海洋不再成为大陆之间无法逾越的鸿沟，人们也不再只是坐拥土地，远眺海洋，而是置身于海洋，将目光投向了更远的陆地。唐宋以降，中国航海事业发展蓬勃，与海外的沟通交流日趋繁盛。这其中不只有物质交换、经贸交往，更有文化交流、政治往来；既有航海家个人的豪勇壮举，也有国与国之间的交往与纷争。这些航海人物与事件在航海史中重逾千斤，其光辉经千百年不曾磨灭，对中国社会影响重大。

When the vast ocean was no longer insurmountable, people on land looked far into the sea and sailed to even remoter land. Since the Tang and Song Dynasties, China witnessed unprecedented prosperity of maritime business and closer relations with foreign countries. In addition to barter and economic trade, the relations also included cultural and political exchanges, which covered not only the courage and adventures of navigators, but also the contacts and disputes between countries. These mariners and events were of great significance in the maritime history with everlasting glory and influence on Chinese society.

盛唐文明居于世界领先地位，对周边国家尤其是日本影响重大。日本先后派出十几次遣唐使团渡海来华，观摩学习唐朝的制度与文化。《新唐书·日本传》中，记载了日本粟田真人、阿倍仲麻吕、空海等遣唐使与学问僧来华求学的史实。这一中日文化交流史上的盛举对日本社会影响深远，为东亚"海上丝绸之路"的东延至日本起到很大作用。

38 遣唐使船（模型）
Ship of Kentoushi (Model)

高 135、长 148、宽 64 厘米
中国航海博物馆藏

日本遣唐使所乘船只，其建造者和驾驶者大都是唐人，属于典型的唐船。一般而言，遣唐使船为全木质结构，实船长约30米，宽约7~8米，多为双桅双帆，平底箱形，采用榫接钉合技术，用木板接合而成，两侧辅以船桨，便于人力助航。

39 | **海兽葡萄纹铜镜**
Bronze Mirror with Pattern of Sea Monsters and Grapes

唐（618~907 年）
直径 16.3 厘米
中国航海博物馆藏

　　圆形，伏兽纽，呈银白光。镜背以葡萄纹为地，中以凸弦纹分界内外二区，内区浮雕海兽、龙纹，外区环列跑兽、雀鸟、叶瓣、蜜蜂等，生动活泼。唐代盛行铜镜，海兽葡萄为其中常见的一种纹饰。此种铜镜多地皆有出土，影响远及日本、新罗、东南亚等地，是盛唐文化辐射周边的缩影。

40 明州市舶司签发的公凭（复制件）

Public Certificate Issued by Shibosi of Mingzhou (Replica)

北宋（960~1127年）

纵 44.5、横 242 厘米

宁波博物院藏

　　唐宋以后，朝廷对海外贸易的管理越发重视，形成了中国古代存续千年的海外贸易管理体系——市舶制度。北宋先后在广州、杭州等地设立市舶司，民间商人经营海外贸易，必须获得市舶司颁发的公凭。前往高丽、日本的商船只能在明州（今宁波）市舶司签发公凭。这是崇宁四年（1105年）六月明州市舶司颁给泉州商人李充的公凭，记载了李充应当遵守的法规，以及他运往日本销售的生绢、白绫等商品。

一令檢坐敕條下項

諸商賈于海道興販經州投狀州為驗實條送願發舶州
置簿抄上仍給公憑方聽行回日公據納住舶州市舶司郎不
請公據而擅行或乘船自海道入界河及往登萊州界者徒
二年 不請公據而未行者減責 算 往大遼國者徒三年仍奏裁并
許人告捕給船物半價充賞 內不請公據未行者擅行之半已行者驗實
貨人船物仍給官 其餘在船人雖非船物主各杖八十以上保人并減
犯人三等
勘會舊市舶法商客前雖許至三佛齋等處至於高麗日本
大食諸蕃皆有法禁不許緣諸蕃國遠隔大海豈能窺伺
中國雖有法禁亦不能斷絕不免冒法私去今欲除北界交

前去日本本國經他 回國赴日本州市舶務抽解不得
隱匿透越如違即當依法根治施行
崇寧四年六月 日給
朝奉郎通判明州軍州管勾學事兼市舶謝
在判
宣德郎權發遣通判明州軍州管勾學事提舉市舶彭
在判
宣德郎權發遣提舉市易等事兼提舉市
舶徐承議郎權提舉市舶郎

公　憑

提舉兩浙路市舶司

據泉州客人李充狀今將自己船一隻請集水手欲往日本國
轉買迴貨經赴明州市舶務抽解乞出給公驗前去者

一人船貨物

自己船一隻

綱首李充梢公林養雜事權部領吳弟

第一甲梁昭蔡依唐祐陳富林和

　郡　滕阮　楊元陳從
　住　珠顧舟王進郭宜
　阮昌林旺黃生強宰關從
　林弟　李湊楊小彭事陳欽
　送　滿陳裕

第二甲左直吳湊陳貴李成翁生

　陳珠陳德蔡原陳志顧章
　張太吳太何來朱有陳光

第三甲唐才林太陽光陳養林太
　陳榮林定林進張泰薩有
　張武林泰小陳貴王有林念
　生榮　王德唐興王春

物貨

一防船家事鑼一面鼓一面旗五口
象眼四十匹　生絹十匹　白綾二十匹　瓷碗二百床　瓷碟一百床

中國雖有法禁亦不能斷絕不免冒法私去今欲除北界交
趾外其餘諸蕃國未嘗為中國害者並許前去惟不許興販
兵甲器杖及將帶女口奸細出軍人如違應一行而
有之物並沒官仍檢出引內外明聲說

勘會諸蕃舶州商客願住諸國者官為檢校所去之物
及一行人口之數所詣諸國給子引牒付次搭印其隨船防盜
之具並兵器之數並置歷抄上俟迴日照驗不得少欠如有損
壞散失亦須具有照驗一船人保明文狀方得免罪

勘會商販人前去諸國並不得妄稱作奉使名目及妄作
表章妄有稱呼並共以商販為名如合行移文字祇依

陳訴如蕃商有顧隨船來宋國者聽從便諸賈販諸蕃
間（販海南州人及海南州販人到同）應抽買輒隱避者（諸曲遊作匿托）
故易名前期簿送私自貨易之類綱首雜事部領梢工（今親）
威管押同各徒二年配本城即雇募人管押而雇募人
倩人避免及所倩人准比鄰州編管若引領藏身戴交
易並販賣客減一等餘人又減二等蕃國人不坐即在船
人私自犯准綱法坐之綱首部領梢公同保人不覺者
杖一百以上船物（不分綱首餘人及蕃國人八有犯同住人雖不知情及）給賞外並沒官（不知情者以己物三分沒官諸海）
餘人知情並梁此
商舶貨物應沒官而己貨易轉賣者計
值于犯人名下追理不足同保人備償即以船物給賣
而同於令轉賣者轉買如法諸商賈由海道販諸蕃者
海南州縣曲于非原發舶州住舶者抽買訖報原發州驗賣
銷籍諸海商冒越至所禁國者徒三年配十裏即冒
至所禁州者徒二年配五百裏若不請公驗物籍者行者
徒一年鄰州編管即買易物貨而輒不注籍者杖一百

　　15 世纪初，明成祖朱棣派遣郑和等出使海外，希望耀兵异域，彰显国威。郑和从永乐三年（1405年）至宣德八年（1433 年），先后七次率领庞大船队下西洋，联通、促进了中国与东南亚及印度洋沿岸各国的经济文化交流，是世界航海史上的空前壮举。郑和七下西洋的船队规模庞大，每次均有大小海船百余艘，船型多样，编整有序。其足迹遍布亚、非 30 多个国家和地区，最远到达非洲东海岸。

41 金锭（复制件）
Gold Ingots (Replica)

明（1368~1644 年）
左：长 13、宽 9.8、厚 1 厘米
右：长 14、宽 10、厚 0.8 厘米
中国航海博物馆藏

　　两件。原件为 2001 年湖北省钟祥市明梁庄王朱
瞻垍墓出土，现藏于湖北省博物馆。左件铭文为"随
驾银作局销镕捌成色金伍拾两重作头季鼎等匠人黄冈
弟永乐拾肆年捌月　日"；右件铭文为"永乐十七年四
月　日西洋等处买到八成色金壹锭伍拾两重"。记载
的时间与郑和第五次下西洋的时间完全吻合，系从西
洋各国买回后重新熔铸而成，后赏赐给朱瞻垍。

42 洪保"寿藏铭"
Epitaph of Eunuch Hong Bao

明（1368~1644 年）
长 57、宽 57 厘米
江苏南京洪保墓出土
南京市博物总馆—南京市博物馆藏

　　方形，石质。志盖篆文"大明都知监太监洪公寿藏铭"，志文竖刻阴文楷书25行，共741字。洪保"寿藏铭"2010年发现于南京祖堂山南麓洪保墓，是直接涉及郑和下西洋的重要史料。

　　洪保（1370~？），字志道，云南大理府太和县人，明代都知监太监。据寿藏铭记载，从永乐元年（1403年）至宣德八年（1433年），洪保一次奉使西域、七次奉使西洋，在宣德五年（1430年）与郑和、王景弘一起列为下西洋的正使太监，是郑和下西洋使团的主要领导成员之一。铭文中具体记载了两次下西洋活动：一次是永乐纪元，洪保以副使身份出使西洋诸国，乘坐五千料巨舶出海；一次是宣德五年，也就是最后一次下西洋，记录了所到达的占城、爪哇、古里等国家和地区，印证了相关的历史文献记载。

43　青花缠枝莲纹折沿盘

Blue-and-white Plate with Folded Rim and Pattern of
Entangled Lotus

明·宣德（1426~1435 年）
高 7.5、口径 41.3、底径 27 厘米
广西壮族自治区博物馆藏

　　折沿，浅腹，弧壁，圈足。通体绘青花纹饰，
折沿饰江牙海水纹，内外壁与盘心均绘缠枝莲纹。
胎质细白致密，釉色青白，有橘皮纹。底露砂胎，
有火石红斑。青花用料为郑和下西洋从阿拉伯国家
带回的"苏麻离青"钴铁矿，呈色浓艳，局部有晕
散，铁锈斑陷入胎骨。

44 青花缠枝花卉纹洗
Blue-and-white Basin with Pattern of Entangled Flowers

明·宣德（1426~1435 年）
高 12、口径 26.1、底径 18.1 厘米
上海博物馆藏

　　折沿、深腹、平底。内口沿绘海水纹，内壁饰缠枝花卉纹，内底作团花纹，外壁则饰缠枝花卉。胎质坚硬，釉面润腴，器底无釉。多黑色结晶斑，呈典型的"苏麻离青"发色效果。瓷洗的用途相当于脸盆，明永乐、宣德时期出现并流行，乃从中东地区传入中国。

45 | **青花缠枝莲纹花浇**
Blue-and-white Watering Can with Pattern of Entangled Lotus

明·宣德（1426~1435 年）
高 13.25、口径 7.6、底径 4.5 厘米
上海博物馆藏

　　直口，短颈，溜肩，圆腹，如意形柄。腹部装饰缠枝莲纹一周，上下衬以变形莲瓣纹，青花发色蓝中现黑。肩下署"大明宣德年制"款。花浇是一种水器，从伊斯兰地区的金属器演变而来。

　　明朝时期，日本武士、商人、浪人以及中国海盗在东南沿海进行武装走私和抢掠骚扰，给沿海百姓带来深重灾难，史称"倭寇之乱"。嘉靖年间（1522~1566 年）倭患尤其猖獗，直到戚继光、俞大猷等先后平定江浙、福建、广东倭寇，倭患始平。

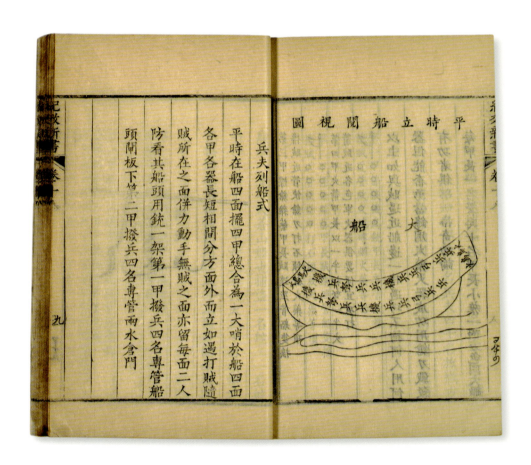

46 《纪效新书》
Ji Xiao Xin Shu

清道光二十一年（1841 年）虎林西泉氏刻本
纵 24.5、横 16 厘米
中国航海博物馆藏

　　《纪效新书》是戚继光在东南沿海平倭战争期间练兵和治军经验的总结。戚继光（1528~1588 年），字元敬，号南塘，登州（今山东蓬莱）人，明代军事家、抗倭名将。戚继光创建了骁勇善战的"戚家军"，改造城防设施，将各种火攻武器投入海战，极大地提升了明军的战斗力。他在浙江等地统领抗倭战争，取得"台州大捷"等多次胜利，重挫倭寇。

47 ｜ 铜火铳
Bronze Blunderbuss

明（1368~1644 年）
长 43.7、直径 3.5 厘米
南海海域出水
中国（海南）南海博物馆藏

　　戚继光、俞大猷在与倭寇作战方面，十分重视火器的应用。其中，火铳是一种轻型便携式火器，以点燃药室中的火药为动力，并通过其产生的爆炸力将膛内物推射出以攻击敌方。铳身分为前膛、药室、尾銎三部分，前膛用来放置弹丸，药室用于装填火药，尾銎可以插上手柄，方便操作。

48 ｜ 佛朗机炮
Franks (Portuguese) Cannon

明（1368~1644 年）
长 150、口径 4 厘米
中国航海博物馆藏

　　除了中国原有的火铳、火箭，明朝抗击倭寇使用的还有仿制并改良自外国的佛朗机炮。佛朗机炮是最早传入中国的西方火器之一，采用了母铳衔扣子铳的结构，每门母铳配 4~9 个子铳，可以保持连续射击状态。

49 崇祯帝册封琉球国王敕谕

Edictum of Emperor Chong Zhen on Bestowing the Title of King of Ryukyu

明·崇祯二年（1629 年）
纵 55、横 172 厘米
旅顺博物馆藏

　　明清时期，位于中国东南太平洋上的岛国琉球是中国的藩属国。每当琉球新王嗣立，皆会派使团来中国"请命册封"，朝廷再遣使臣携敕谕，乘册封舟远赴琉球完成册封。从明洪武五年（1372 年）中琉建立藩属关系到清光绪五年（1879 年）琉球为日本吞并的五百余年间，明清两朝共派出 23 次册封使。

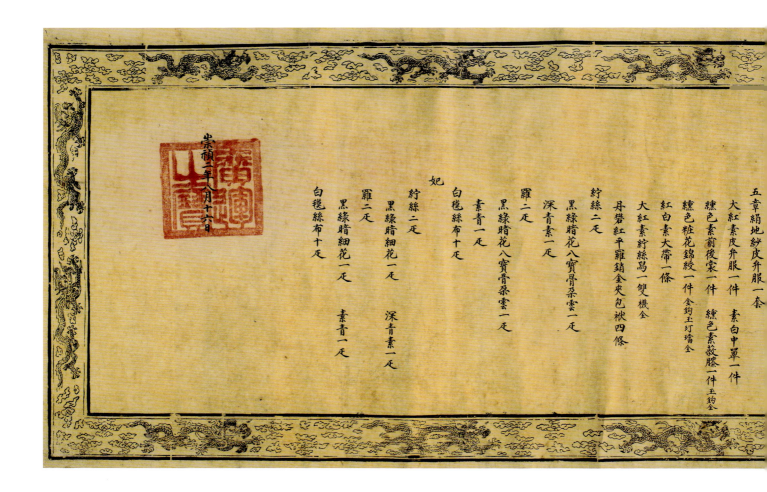

　　此件敕谕以龙文缘边黄纸书写，总计44行。据敕谕所书，琉球王尚宁去世后，其子尚丰请命册封，明崇祯帝遂于1629年遣杜三策、杨抡为册封使，携冠服等赏赐前往琉球，封尚丰为琉球国中山王。末尾署"崇祯二年八月十六日"，钤朱文方印"广运之宝"，并附赏赐琉球国王及其王妃的物品清单。此敕谕是明朝最后一次册封文件，对了解明朝对琉球王国册封的历史和两国宗藩关系具有重要价值。

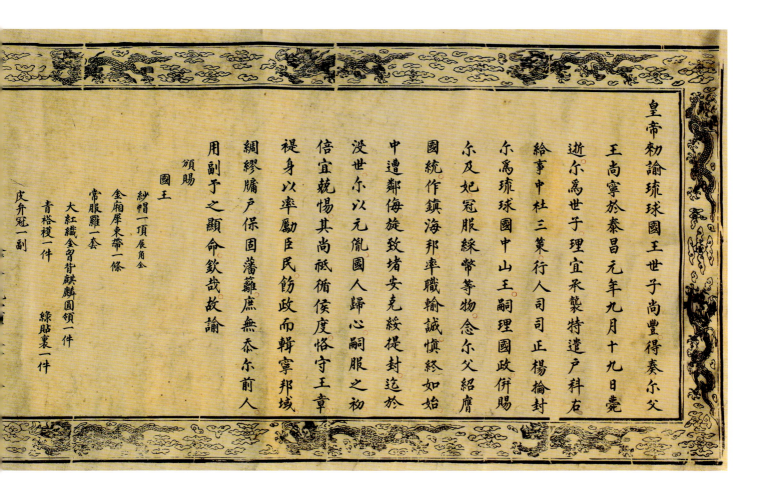

第四单元
海贸物语

UNIT IV
MARITIME TRADE

　　隋唐以降，海路大通。伴随着陆上丝绸之路的驼铃阵阵，"海上丝绸之路"亦是帆影幢幢，更因其快捷性与安全性，在中国与西方交往中的重要性逐渐赶超陆上丝绸之路。满载着丝绸、瓷器、茶叶等中国特产的商船在海上往来不绝，远赴东亚、东南亚、南亚、西亚、欧洲乃至非洲、美洲，远洋航线全长一度超过 14000 千米。一时千帆竞渡，"海上丝绸之路"的贸易达到了巅峰。

　　The sea routes were greatly broadened since the Sui and Tang Dynasties. The tinkling bell of camel trek on the Silk Road on land was echoed by the squeaky sail of merchant fleet on the Silk Road at sea, which became more important in the east-west communication for its rapidity and safety. The ships laden with Chinese silk, porcelain and tea were shuttling across the sea to East Asia, Southeast Asia, South Asia, West Asia, Europe and even Africa and America, and the length of overseas voyage once exceeded 14,000km. The countless ships pushed the trade along the Maritime Silk Road to its climax.

和陆路运输相比，瓷器通过船舶运输既可以压舱，又不易损坏，遂成为海上贸易的大宗商品。中国瓷器早在唐代就开始大量输出到朝鲜、日本、菲律宾、印度、埃及等地，作为民族形象的代表享誉海内外。

50 三彩钵盂
Tri-color Glazed Alms Bowl

唐（618~907 年）
高 14.5、口径 13.5、腹径 22.5、底径 6.5 厘米
江苏扬州五台山出土
扬州博物馆藏

口内敛，肩稍耸，鼓腹，小平底。外腹施黄、绿、白、褐四色釉，釉面斑驳交融，绚丽自然。垂釉不及底，露白胎，胎质细腻，胎体厚重。此钵盂产自河南巩县窑，器形敦实沉稳，极具实用性。

唐三彩是盛行于唐代的一种低温釉陶器，在"海上丝绸之路"沿线的多个国家和地区都有发现，日本、朝鲜、埃及、波斯的三彩器即是对唐三彩的仿制。位于长江和大运河交汇处的扬州为航运重镇，是当时全国最大的陶瓷集散地，也是唐三彩的重要出口港。

51 **青花碗残片**
Fragment of A Blue-and-white Bowl

唐（618~907 年）
残长 20.8、残存口沿弧长 12.6 厘米
江苏扬州唐城遗址出土
扬州博物馆藏

　　此件青花碗残片保留了部分口沿和器底，俯视近似楔形。胎色呈淡青灰，器身满施白釉及底，釉色白中泛奶黄，釉层薄，釉下施化妆土，足端露胎，器底附近留有支钉痕迹。青花发色较好，中有许多深色斑点。根据残留纹饰推测，主纹样的布局应呈"十"字形或"卍"字形，碗心绘一朵重瓣大团花，团花的前后左右各延伸一根蔓藤，上有四朵单瓣团花。靠近口沿的空白处绘灵芝形的长脚卷云。整个图案构图疏朗均衡，用笔简练，线条流畅。

　　唐代巩县窑首创用钴料烧制蓝色，但青花的烧制工艺尚不成熟。纹饰主要是中国传统花草，以及在菱形等几何图形中夹以散叶纹等典型阿拉伯图案，多用于外销。

52 长沙窑青釉褐彩贴塑人物狮纹执壶
Green Glazed and Brown Colored Handled Ewer of
Changsha Kiln Pasted with Figure and Lion Pattern

唐（618~907 年）
高 18.6、口径 9.7、腹径 14.2、底径 12.6 厘米
江苏扬州仓巷出土
扬州博物馆藏

　　口沿微撇，直颈，斜肩，筒形腹，平底。
肩部置八棱形短流，三泥条宽鋬，两侧对贴
三泥条环形系。胎色灰黄，施青黄色釉，釉
色纯正滋润。双系下各贴一模印吹笛人物，
流下贴一狮纹，均覆以叶形褐彩斑块。
　　湖南长沙窑又名铜官窑，是唐至五代时
期南方规模巨大的青瓷窑厂，其产品大量外
销，享誉海外，在日本、菲律宾、伊朗、伊拉
克等地都有发现。长沙窑的釉下彩绘工艺对我
国古代陶器、瓷器装饰产生了深远的影响。

53 | 越窑划荷叶海棠式杯
Begonia-shaped Cup of Yue Kiln with Incised Lotus Leaf Pattern

唐（618~907 年）
高 4.09、口长径 15.4、底径 6 厘米
浙江宁波和义路码头遗址出土
宁波博物院藏

　　杯口呈椭圆的海棠形，弧腹，圈足。灰胎，满施青釉，釉色青翠晶莹，足端刮釉，留有支烧痕。内壁刻划写意荷叶，笔法简练，线条流畅柔和，富有生气。出土时与唐"大中二年"铭文碗（残）同在，是晚唐出现的新品种。海棠式杯虽像海棠花，实则仿自萨珊波斯金银器"多曲长杯"，与海棠并无直接关系。

　　宁波，唐时称"明州"。宁波和义路是当时重要的海运码头，码头遗址出土了大量越窑青瓷，原都是准备通过"海上丝绸之路"销往国外的产品。

宁波和义路码头遗址发掘现场

　　越窑是我国古代最著名的青瓷窑系，其釉层均匀，质如碧玉，品质为全国之冠。越窑青瓷在唐五代宋初大量外销，制瓷技术和文化对朝鲜半岛、日本等地的青瓷生产影响深远。

54 | **越窑青釉唾盂**
Green Glazed Spittoon of Yue Kiln

唐（618~907 年）
高 12、口径 15.5、腹径 9.5、底径 6.4 厘米
中国港口博物馆藏

　　上部为盘形，广口下收，粗颈，球腹，浅
圈足。胎体轻薄，通体施以青釉，釉质醇厚。
唾盂也称"渣斗"，用于盛装唾吐物。

55 | 越窑青釉侧把壶
Green Glazed Side-handled Pot of Yue Kiln

唐（618~907 年）
通高 17.5、通宽 16.3、底径 8.2 厘米
中国港口博物馆藏

　　盖与壶身以子母口相扣合。帽状纽盖，壶直口，溜肩，瓜棱腹，平底。肩部一侧置双复系，对置一流，系与流之间的上腹部置一錾。通体施釉，釉色青绿，釉层肥润光亮。

56 青花花卉纹八棱执壶
Blue-and-white Octagonal Handled Pot with Flower Pattern

元（1271~1368 年）
通高 27.5、底径 7.7 厘米
南海海域出水
中国（海南）南海博物馆藏

　　此器胎色白黄，质地细腻，釉色因长期在
海水中浸泡而略失光泽。壶口、流部位被海洋胶
结物覆盖。通体绘青花纹饰，颈部饰蕉叶纹，腹
部饰折枝花卉纹，采用横向带状分布的形式，在
主题纹饰之间以卷草、回纹等辅助纹饰相隔，繁
而不乱，井然有序。此器造型可能模仿西亚、中
亚地区的金属器样式。

青花瓷在元代发展到顶峰，以景德镇生产的元青花成就最为辉煌。元青花大多器形硕大，纹饰饱满，因釉色浓艳、工艺精湛闻名海内外，是当时主要销往西亚、阿拉伯地区的外销瓷。

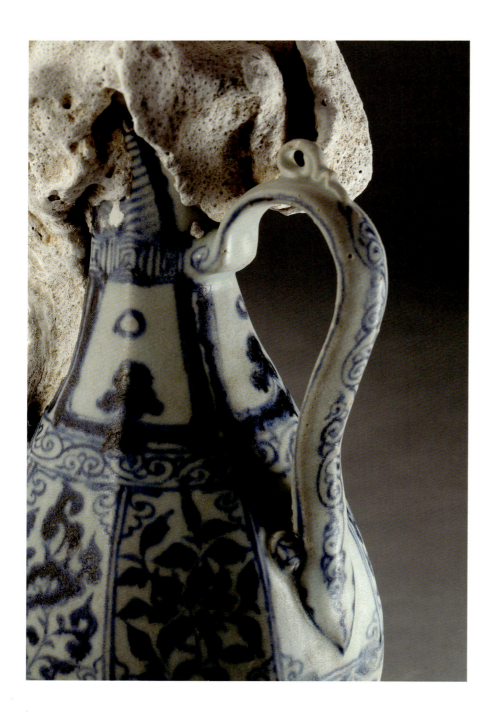

57 青花缠枝牡丹纹梅瓶
Blue-and-white Plum Vase with Pattern of
Entangled Peonies

元（1271~1368 年）
高 41.9、口径 6.1、腹径 25、底径 13.9 厘米
上海博物馆藏

　　小口，折沿，短颈，丰肩，腹
下部内收，浅圈足，足底无釉。器
身的装饰纹样自上而下分为五层，
分别为卷草纹、缠枝莲花纹、缠枝
牡丹纹、卷草纹、变形莲瓣纹，上
下纹饰带之间均隔以两道弦纹。青
花呈色青翠浓艳，可见铁锈斑痕，
胎体细密坚致，造型丰满。

58 德化窑观音坐像
Statue of Sitting Guanyin Bodhisattva of Dehua Kiln

明（1368~1644 年）

通高 19、通宽 12 厘米

福建博物院藏

观音像梳发髻，低首垂目，面形圆润饱满，神态安详。胸前饰如意形璎珞珠佩；右手持经卷，左手置于膝上；一足半露，一足屈掩，体态丰腴优美。通体施白釉，胎质明澈，釉色纯白，衣纹流畅，形象逼真。

德化窑是明清福建沿海外销瓷的重要产地之一，以烧白瓷著称，明代时尤其盛烧观音、达摩等人物塑像。德化白瓷光润明亮，白如凝脂，大量远销日本、印度、伊朗、埃及及欧洲，有"中国白"之誉。

59 | 漳州窑素三彩福字纹盒
Su-tricolor Box of Zhangzhou Kiln with Pattern of Character *Fu*

明（1368~1644 年）

通高 6.9、口径 5.7、底径 3.6 厘米

漳州市博物馆藏

　　盖与盒身以子母口相扣合，呈扁圆形。盖面模印"福"字，外饰一圈钱币纹。器身施绿釉，盖面文字部分饰黄釉。

　　素三彩香盒在17世纪风靡日本，被称为"交趾香合"，一直被认为是原产于交趾国（今越南）的舶来品。1997年福建漳州平和田坑窑的发掘，才证明素三彩实为漳州窑产品。

　　明中叶开始，福建漳州月港兴起为著名的民间海外贸易港口，漳州窑瓷器是月港重要的输出产品。著名的"克拉克瓷""交趾瓷""华南三彩"等，皆是当时出自漳州窑的外销产品。

60 ｜ 漳州窑青花花卉纹三足炉
Blue-and-white Tripod Burner of Zhangzhou Kiln with Flower Pattern

明（1368~1644 年）
高 8、口径 25、腹径 30 厘米
漳州市博物馆藏

　　敛口，圆唇，圆鼓腹，下承以三兽足。灰白胎，外部通体青花装饰，口沿下绘八卦纹，腹部绘凤凰花卉纹主题图案。

61 漳州窑五彩龙纹罗盘航海图盘

Wucai Plate of Zhangzhou Kiln with Pattern of Dragon, Compass and Ships

明（1368~1644 年）

高 7.6、口径 35、底径 16 厘米

漳州市博物馆藏

　　敞口，折沿，浅弧腹，矮圈足。灰白胎，施白釉，足、底粘砂。口沿处用黑、蓝彩绘山水楼阁图案，内壁绘星宿、岛屿、海涛、中式帆船、巨鱼、麒麟等纹样，盘心画一罗盘。中式帆船位于罗盘正下方，双桅双帆，竖方形硬帆用竹篾编织，船尾部竖立旗帜，是典型的福船造型。巨鱼位于罗盘正上方，山屿岛礁位于罗盘两侧。罗盘外圈为天干、地支、八卦组合而成的 24 字，内圈为风水罗盘中的坐山九星，中心写有"天下一"字样。

罗经文彩绘大盘是漳州窑中一
种极具特色的、充满海洋文化元素
的外销瓷品种，口径一般超过35厘
米。此类盘纹样独特，目前国内数
量较少，而在日本、东南亚等漳州
窑瓷器的消费地有存世品，在日本
江户时代的遗址中甚至有出土品。

62 漳州窑红绿彩罗经文盘
Red-and-green Colored Plate of Zhangzhou Kiln with
Pattern of Compass

明（1368~1644 年）
高 7.8、口径 35.5、底径 16.1 厘米
中国（海南）南海博物馆藏

　　敞口，弧腹，圈足。内口沿用黑、绿彩
绘装饰纹带，内壁用红、绿彩绘五组鱼纹，
鱼纹上面伴有红彩卷云纹，鱼纹之间以红绿
彩花草纹隔开。盘心分成两圈，外围用红彩
书19字罗经文，中心用红、绿彩绘简体阴阳
太极二重圈，圈中书"天下一"三字。

中国的茶文化历史悠久。茶叶早从西汉开始就销往东南亚各国，并随着饮茶习惯的传播，成为海上贸易的"硬通货"，深刻影响了日本、朝鲜等国家。

63 | **建窑兔毫盏**
Bowl of Cony-hair-like Pattern of Jian Kiln

宋（960~1279 年）
高 5、口径 12.5、底径 3.8 厘米
福建博物院藏

敞口，沿外撇，斜腹，圈足。内外施黑釉，近底以下露褐胎。釉面析出棕褐色条状结晶纹，细如兔毛，俗称"兔毫盏"。

宋元时，茶是中国对外贸易最重要的商品之一。随着宋代斗茶风气的盛行，建窑生产的黑釉瓷备受欢迎，并与茶叶一道远销朝鲜和日本，日本称之为"兔毫天目"，至今视为珍宝。

64 酱釉薄胎陶罐
Brown Glazed Pottery Jar with Thin Body

宋（960~1279 年）
高 5.8、口径 5.4、腹径 7、底径 3.2 厘米
福建福州湖东路出土
福州市博物馆藏

　　唇口，圆肩，鼓腹，平底。内外施酱褐釉，
釉面莹亮润泽，有流釉痕，釉色不均。

　　随着港口贸易的发展，福州成为中国主要
的茶叶出口地，宋代用于贮存茶末的小陶罐亦随
之传入日本。其胎质致密，釉面亮泽，日本称之
为"唐物茶入"，地位可与建盏相媲美。

65 │ **七里窑酱釉柳斗罐**
Brown Glazed Jars in Wicker-basket Shapes of Qili Kiln

宋（960~1279 年）
高 8.8、口径 8.7、底径 4.4 厘米
中国茶叶博物馆藏

　　一对。唇口，束颈，鼓腹，圜底。罐内满施酱釉，外部从口沿到颈部施釉，颈部以下不施釉。颈部饰九个乳丁，腹部以篦划柳斗纹作为装饰。

　　七里窑位于江西省赣州市东郊七里镇，因此又称为赣州窑，其最有代表性的瓷器就是柳斗罐。除运销江西周边地区外，柳斗罐还大量销往日本、朝鲜半岛，应为盛装茶粉之用，装好后罐口包布，并用线扎好。

17世纪开始，中国茶叶大批量从海路销往欧洲，西班牙、法国、德国等地饮茶热骤起。尤其在英国与荷兰，不仅饮茶之风迅速席卷上流社会，还形成了有别于东方的饮茶文化与饮茶礼仪。中国茶具也通过海运大量销往欧洲。

66 **外酱釉内青花带托杯**
Cup and Saucer with Outer Brown Glaze and Inner Blue-and-white Glaze

清·康熙（1662~1722 年）
杯：高 5.5、口径 8.4、底径 4 厘米
托：高 2.4、口径 12.5、底径 7.8 厘米
中国茶叶博物馆藏

由杯和托两部分组成。杯尖唇，敞口外撇，斜直腹，圈足。托敞口，浅斜腹，圈足。杯和托均起棱为装饰，外壁为酱釉，内壁外圈饰青花四开光，分别绘有山水图和瓶花，内圈亦饰瓶花。底足青花双圈内书"康熙年制"四字款。青花色泽浓艳明亮，又不失浓淡变化。

这类外施酱釉、内绘青花的外销瓷被称为"巴达维亚瓷"，最早由荷兰人从南洋巴达维亚港运往欧洲销售，因不知产地便以港口命名为"巴达维亚瓷"，流行于17世纪末至18世纪中叶。

杯款

托款

67 | 紫砂壶
Purple Clay Pot

清（1644~1911 年）
通高 15.6、通宽 13、口径 8.9、底径 9 厘米
沉船出水（出水地不详）
中国航海博物馆藏

　　壶身扁圆，腹下部稍敛，平底，弯流。器形较大，质地较粗，器表有气孔。壶身光素无纹，器底钤印"邵思格制"款。

　　紫砂壶主要产自江苏宜兴。明中期以后，饮茶方式从冲点、煎煮转变为直接用沸水冲泡散茶，以保持其本色原味。紫砂壶因其独特的能吸收茶香的气孔结构，成为品茗的首选之物，并作为茶具用以外销。

68 紫砂壶
Purple Clay Pot

清（1644~1911 年）
通高 8.4、通宽 10、口径 6.3、底径 6.8 厘米
沉船出水（出水地不祥）
中国航海博物馆藏

　　呈梨形，属"孟臣壶"之类，纤巧
秀美，精微细腻。壶身光素无纹，器底
钤印"荆溪美中"款。

69 茶样
Tea Sample

清·乾隆（1736~1795 年）
"哥德堡号"沉船打捞出水
中国茶叶博物馆藏

　　荷兰东印度公司早在 1606 至 1607 年就从澳门
贩运中国茶叶至巴达维亚港，约于 1610 年转运至
欧洲，欧洲人对茶叶嗜爱有加。产自武夷山等地
的茶叶通过厦门、广州等地大规模出口，获得了
极其可观的收入。

　　清代广州是中国最大的茶叶市场，粤海关每
年征收的茶税约四十万两。从瑞典"哥德堡号"沉
船打捞出水的经广州出口的茶叶，至今色味尚存。

中国丝绸以卓越的品质、精美的花色和丰富的文化内涵闻名于世，西汉时即开始向西运往国外，并随海上贸易大量外销。沟通东西方的商路被冠以"丝绸之路"之名，足见丝绸在古代对外贸易中的重要地位。

南宋时，缂丝、拈丝、络纬等丝织技术已十分发达，产品质地优良，式样丰富，深受海内外欢迎。"举之若无，裁以为衣，真若烟雾"，正是陆游对当时高级丝织物的赞誉。

福建福州黄昇墓、茶园山宋墓出土的丝织品是南宋时福建地区丝织业发达的有力见证。当时，泉州港发展繁荣，福建生产的丝织品从泉州大量出口到亚、非、欧国家，在外贸需求的强劲刺激下，福建丝织业得以蓬勃发展。

70 | **褐色绢无袖夹衣**
Brown Tough Silk Sleeveless Clothing

南宋淳祐三年（1243 年）
长 67、宽 44.5 厘米
福建福州黄昇墓出土
福建博物院藏

　　此夹衣轻盈若羽，剔透似烟，十分贴近人们对丝绸薄如蝉翼的想象。黄昇（1227~1243 年），泉州知州兼提举市舶司使黄朴之女，其墓中出土服饰、丝织品达354件，大都图案精美，织工上乘。

71 | **烟色镶金边绉纱窄袖上衣**
Dark Brown Gold-hemmed Crepe Jacket with Narrow Sleeves

南宋端平二年（1235 年）
长 167、宽 100 厘米
福建福州北郊茶园山宋墓出土
福州市博物馆藏

　　此为古时贵妇人穿上正装后罩在外面的纱衣，极轻薄，表面自然绉缩而显得凹凸不平。福州北郊茶园山宋墓是一座夫妻合葬墓，出土各种珍贵丝织品四百多件，有丝棉絮、帛幡、花绫裙、印花背心、麻布鞋、绣花钱包、开裆裤等品种，使用混金、描金、印金、贴金等多种印花技术。除墓主人身上衣服之外，其余皆为新衣，至今保存完好，色彩鲜艳。

中国从海外进口的货物以香料为大宗，"海上丝绸之路"也有"香料之路"的美誉。香料可作熏燃、药用、食用等，来源主要为印度、东南亚、中东等地区。

72 | **四连体熏炉**
Connected Quadruple-body Incense Burner

西汉（公元前 202~公元 8 年）
通高 16.1、盖宽 10.8、底宽 8.8 厘米
广东广州南越王墓出土
西汉南越王博物馆藏

炉体与炉盖以子母口相扣合。炉体由四个互不连通的小盒组成，可以燃烧四种不同的香料。盖顶及炉体上部的气孔均作菱形镂空。炉座呈方柱形，中部束腰，下部宽展成方座足，座足中空，浇口清晰可见。这种四连体铜熏炉目前只见于南越王墓。

早在汉代时，熏炉焚香已蔚然成风，但中国原产的香料资源并不丰富，乳香、沉香、檀香等热带香料多来源于海外地区。汉墓中熏炉的大量出土，佐证了当时熏香风气的流行与香料贸易的繁盛。

73 | 乳香
Olibanum

西汉（公元前 202~公元 8 年）
广东广州南越王墓出土
西汉南越王博物馆藏

　　乳香主要产于阿拉伯地区，属于树脂类名贵香料。中国不产乳香，汉晋时从大秦国（古罗马）进口的乳香主要从南海地区输入。南越王墓香炉与香料的出土说明南越国与南海存在着可观的香料贸易。

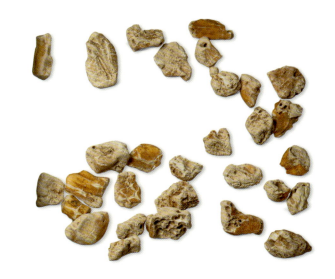

74 | 香料
Spices

南宋（1127~1279 年）
福建泉州后渚港宋船出土
泉州海外交通史博物馆藏

　　到宋元时期，香料成为最大宗的商品之一。1974 年 8 月，泉州后渚港出土了一艘南宋远洋木帆船，船上有降真香、檀香、沉香、乳香、龙涎香、胡椒等丰富的香料遗存。这些香料木未经脱水时重量达 4700 多克，多为枝栎状，长短粗细不同，出土时颜色清鲜，散乱于船舱的堆积层中。据推测，此船应是从南洋贩运香料到泉州的商船。

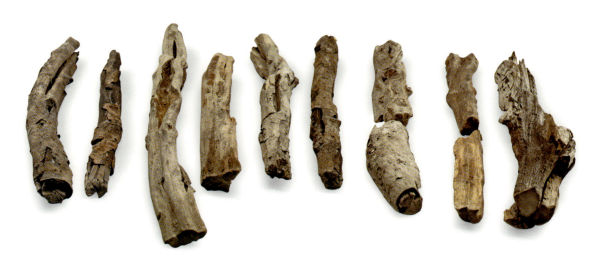

海上贸易的发展促进了中外货币的流通。尤其到了明清时期，中国商品行销欧美，垄断国际市场，美洲乃至世界各地的大量白银涌入中国，故"海上丝绸之路"也被称为"白银之路"。

75 铜钱结块
Copper Coins Agglomerates

南海海域出水
中国航海博物馆藏

这批铜钱结块主要为宋代方孔钱，彼此胶结成块，难以计数，经过几百年的海水侵蚀，大多面貌已比较模糊。虽然中国历史上不少朝代都禁止铜钱出口，但仍有铜钱通过海上贸易或者走私的方式流入南海诸国和其他地区。海上沉船发掘中，海捞铜钱往往伴随海捞瓷等大量出水。

76 威尼斯银币
Venetian Silver Coin

15 世纪
直径 1.3 厘米
1964 年广东广州韦眷墓出土
广州博物馆藏

　　近圆形。为威尼斯共和国总督帕斯夸尔在任时
（1457～1462年）所铸。银币正面为威尼斯城的保护
神圣马可，他正将一面长杆军旗交给帕斯夸尔总督；
两像的外侧有缩写的 Z.P. 字母，为铸工名字；银币
背面为耶稣像。这种银币被称为"格罗索"或"格罗
塞托"，现今世界上仅存两枚。14 世纪开始，威尼斯
禁止从陆路输出格罗索银币，只允许商人从海路带
出，故这枚银币应是通过海路来到中国。

　　韦眷，明成化至弘治年间曾任广州市舶太监，
据记载，他在广州"纵贾人，通诸番，聚珍宝甚富"。
韦眷墓约建于弘治八年（1495年），由此推算，银币
埋藏的时间与铸造年代相差不到 40 年，即在当地铸
造 40 年后在广州流通，这反映明代广州跟欧洲应有
交往。这枚银币是明代广州"海上丝绸之路"的重要
实物资料。

77 | 17~19 世纪外国银币（一组）
A Set of Foreign Silver Coins in the 17th to 19th Century

中国航海博物馆藏

　　大航海时代，随着欧洲殖民者对美洲银矿的开采、对东南亚一带贸易控制力的加强，南海海域原本以货易货的交易方式遭到颠覆，美洲、欧洲、东南亚等地区的大量外国白银通过跨太平洋的"大帆船贸易"等途径源源不断输入中国。

1686 年西属秘鲁波多西 2 里亚尔银块
直径 2.5 厘米

1708 年法国路易十四世银币
直径 2.6 厘米

1733 年西属墨西哥腓力五世 1 里亚尔银币
直径 2 厘米

1736 年奥匈帝国银币
直径 2.8 厘米

1758 年英国乔治二世 6 便士银币
直径 2 厘米

1764 年荷兰武士持剑银币
直径 2.8 厘米

1765 年奥地利银币
直径 3.4 厘米

1776 年西班牙卡洛斯三世 4 里亚尔银币
直径 3.5 厘米

1791 年西属智利卡洛斯四世银币
直径 3.5 厘米

1798 年美国自由女神像银币
直径 4 厘米

1826 年荷属东印度威廉一世 1/4 盾银币
直径 1.9 厘米

1868 年西属菲律宾伊莎贝尔二世 10
里亚尔银币
直径 1.8 厘米

19 世纪柬埔寨红鸟银币
直径 2.2 厘米

19 世纪越南明命通宝龙文银币
直径 3.6 厘米

在汪洋大海中破浪前行充满着风险与艰辛，有一小部分船舶遭遇海难或劫掠，最终不幸沉眠海底。这些沉船历经千百年岁月，经考古发掘后如同一颗终于打开的时间胶囊，将蕴藏的历史与文化内涵公之于世，为我们重现当年熙攘繁盛的"海丝"记忆。

78 金项饰
Gold Necklace

南宋（1127~1279 年）
通长 172 厘米
"南海一号"沉船出水
广东省博物馆藏

由四股八条金线相绞而成，状若麻花。以长条带钩为首，中间隆起，上饰葡萄纹和璎珞纹；另一端四个圆环搭扣成尾，可以用来调节松紧。这件金项饰为"南海一号"沉船出水的第一件金器，具有阿拉伯风格，类似物品在国内未曾出土过，可能是船上外国商人之物。

"南海一号"南宋沉船发现于阳江海域，是迄今发现年代最早、船体最大、保存最完整的远洋贸易商船。据推测，这艘船曾赴新加坡、印度等东南亚或中东地区进行海外贸易，船体及船载文物是古代"海上丝绸之路"的重要实物印证。船上出水了数千件完整瓷器，汇集景德镇窑、龙泉窑、德化窑等多个宋代著名窑口，多为外销而定制，反映出古代中国同域外地区进行商品贸易的历史。

青白釉弦纹执壶
Bluish White Glazed Handled Pot with String Pattern

南宋（1127~1279 年）
高 19.3、口径 11.1、腹径 14.2、底径 8.1 厘米
"华光礁一号"沉船出水
海南省博物馆藏

　　盘口，直颈略收，圆肩，鼓腹下收，圈足。壶颈肩一侧有一宽弯柄，另一侧为长弯流，为宋代执壶典型造型。釉色泛青，器身密布细小开片，足底露胎，腹部饰两道弦纹。

　　"华光礁一号"沉船发现于西沙群岛华光礁附近，为南宋时期远洋福船，其六层船体构件在国内属首次发现。船上出水古陶瓷近万件，其产地主要为福建和江西景德镇，推测为从泉州起航、驶向东南亚地区的贸易商船。

80 **青白釉葵口盘**
Bluish White Glazed Sunflower-rimed Plate

南宋（1127~1279 年）
高 4、口径 17.7、底径 6.3 厘米
"华光礁一号"沉船出水
海南省博物馆藏

　　敞口，口沿呈六葵口，斜直腹，平底圈足。内外施满釉，足底无釉，釉色青白，应为福建闽清义窑产品。
　　福建闽清义窑主烧青白釉瓷，以日用粗器为主，装饰技法主要为刻划。宋元时期，义窑产品大量销往东亚和东南亚各国，在日本、印度尼西亚均有发现，是当时福建地区重要的外销瓷。

81 | **青釉刻划花碗**
Green Glazed Bowl with Incised Pattern

南宋（1127~1279 年）
高 6.1、口径 19.8、底径 6.5 厘米
"华光礁一号" 沉船出水
海南省博物馆藏

　　敞口，弧腹下收，平底圈足，底部露胎，有支
烧痕。釉色青灰，内壁饰篦划纹，外壁光素无纹。

青釉刻划花碗
Green Glazed Bowl with Incised Pattern

南宋（1127~1279 年）
高 6.5、口径 18.3、底径 6.2 厘米
"华光礁一号"沉船出水
海南省博物馆藏

　　敞口，口沿呈六葵口，弧腹下收，平底圈
足。通体施青釉，腹内刻划花卉纹，足底露胎。

通高 3.6、口径 6.8、底径 5.7 厘米

83 青白釉菊瓣纹印花粉盒
Bluish White Glazed Rouge Boxes with Printed Pattern of Chrysanthemum Petals

南宋（1127~1279 年）
"华光礁一号" 沉船出水
海南省博物馆藏

　　三件。盒盖与盒身皆以子母口相扣合。呈扁圆形，盒盖和盒身饰一圈瓜棱纹，盖面模印菊瓣纹。为德化窑产品，釉色白中泛青，质朴天然。

　　粉盒是古代妇女存放脂粉的化妆盒，在"华光礁一号"出水的瓷器中所占数量最多，达上千件，是根据海外市场需求而生产的外销瓷器。

通高 3.8、口径 5.8、底径 5 厘米

通高 6.6、口径 11.5、底径 9.4 厘米

84 | 磁州窑白釉褐彩龙凤纹罐
White Glazed and Brown Colored Jar of Cizhou Kiln with Pattern of Dragon and Phoenix

元（1271~1368 年）
高 32、口径 18.5、腹径 30.7、底径 11.8 厘米
三道岗沉船出水
中国航海博物馆藏

三道岗沉船位于辽宁省绥中县，属渤海海域，处北方"海上丝绸之路"要道之上。这条航线主要从山东半岛或辽东半岛出发，通往朝鲜半岛与日本。船上货物多为瓷器、铁器等。

　　直口，短颈，溜肩，鼓腹，下腹内收，平底。通体施化妆土，釉色白中微泛黄。肩、腹部以成组的弦纹将器表纹饰分为两区：肩部两组弦纹内用褐彩绘四组缠枝菊纹；腹部则为两组对称的菱形开光，开光内分别用褐彩绘云龙和飞凤纹饰，开光之间饰折枝花卉纹。元代磁州窑流行白地黑花大坛和大罐，此罐线条流畅苍劲，纹饰粗犷古朴，为精品之作。

Green Glazed Big Plate of Longquan Kiln

元（1271~1368 年）
高 8、口径 35、底径 18 厘米
大练岛沉船出水
福建博物院藏

　　撇口，折沿，弧腹下敛，腹部作
瓜棱形。内外满施青釉，胎骨厚重，
釉色纯美。盘心刻划花卉纹。

元代晚期的大练岛沉船发现于福建平潭大练岛西部海域，出水瓷器以浙江龙泉青瓷为主。其中的盘、小罐等在东南亚许多国家都有发现，在西沙一些水下遗址也有类似产品，是当时陶瓷贸易的重要品种。

86 龙泉窑青釉小口罐
Green Glazed Small-mouth Jar of Longquan Kiln

元（1271~1368 年）
高 9、口径 3.3、腹径 12.5、底径 5.2 厘米
大练岛沉船出水
福建博物院藏

　　小口，圆肩，肩部置对称环形双耳，扁圆腹，平底略凹。胎体厚重，釉色青翠，器身有少量开片。

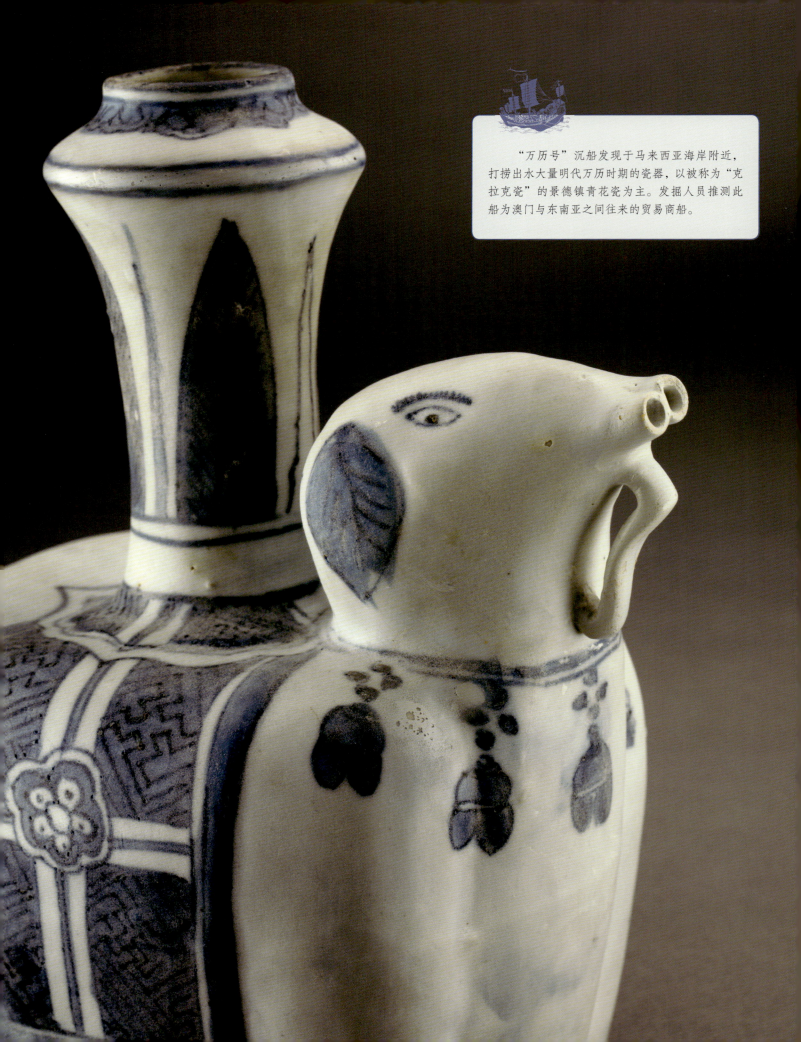

87 青花象首方足军持
Blue-and-white Kendi with Elephant Head and Square Foot

明（1368~1644 年）
高 20.7、通长 17、宽 9.5 厘米
"万历号"沉船出水
广东省博物馆藏

　　圆唇，敛口，长颈，方形腹，平底，整体呈象形，肩部一侧饰以象首双细孔流，流下附一扁条形系。口沿处绘青花如意云纹一周，长颈处绘蕉叶纹。象首两侧绘青花双耳及双眉目，方形腹为象身，象背部绘青花锦地盖布，首尾处饰以铃铛、璎珞纹。青花发色蓝中泛灰，白釉色呈暗青，胎体厚实，形态敦厚特别，具有较佳的观赏性。

　　"军持"来源于印度，最早是僧侣云游时携带的用以饮用和净手的贮水器，后逐渐演变为佛教法器。随着佛教在东南亚国家的盛行，军持需求量增多，我国一些外销瓷窑口纷纷生产军持用以外销。在"万历号"沉船发现的军持中，动物形军持占少数，较为珍贵。

88 青花暗八仙纹克拉克盘
Blue-and-white Kraak Plate with Pattern of Eight Immortals'
Emblems

明（1368~1644 年）
高 4.5、口径 29、底径 15 厘米
"万历号"沉船出水
广东省博物馆藏

　　口外撇，折沿，浅弧腹，圈足。折沿及内壁作
八组扇形开光，开光内绘四组菊花和暗八仙纹，开
光之间又以画有绶带纹的长条形开光相隔。盘心作
青花锦地八菱形开光，内绘花卉与蝴蝶。外壁以圈
点和线条简要装饰。青花发色蓝中泛灰，胎体轻薄，
胎质坚密。

　　此器属明万历时期生产的外销瓷，欧洲人称为
"克拉克瓷"，日本人称其为"芙蓉手"。"克拉克瓷"
以青花为多，图案虽是中国传统画法，但放射状、
模印状排列的菱花或扇形开光布局已非中国风格，
为模仿欧洲金银器的制作技法。这种外销瓷盘一般
胎体轻薄，纹饰布局饱满，欧洲人多将其挂在墙上
作为装饰品。

89 酱釉堆塑双凤纹六狮系瓮

Brown Glazed Covered Jar Pasted with Double-phoenix
Pattern and Six-lion Ears

明（1368~1644 年）
通高 73、口径 18、腹径 47.5、底径 21.5 厘米
"南澳一号"沉船出水
广东省博物馆藏

　　瓮盖与瓮身以子母口相扣合。圆唇微侈，直口
短颈，溜肩鼓腹，腹下部缓收，平底。盖上有一狮
形纽。颈肩部捏塑六狮形系，六系间均以贴塑折枝
花卉纹为饰，系与腹部之间刻划一周勾连云纹为分
隔带，腹部主题纹饰为两堆塑展翅飞凤。胎体厚重，
质粗松，色深灰，器表施褐釉不及底，釉面粗糙不
均。出水时瓮内还装有漳州窑系青花碟256件，玉壶
春瓶5件。

　　"南澳一号"沉船发现于广东省南澳县三点
金海面，属南海海域。该船沉没于明万历早期，
保存较为完好，出水文物超过三万件，以漳州窑、
景德镇窑瓷器为主。此船由漳州月港驶出，或为
南澳民间走私船。

90 景德镇窑青花雏菊纹菱口盘
Blue-and-white Flower-rimed Plate of Jingdezhen Kiln with Daisy Pattern

清·康熙（1662~1722 年）
高 3.8、口径 22、底径 12.3 厘米
"碗礁一号"沉船出水
福州市博物馆藏

　　菱口，浅弧腹，平底，矮圈足。内外壁均饰十六开光雏菊纹，
盘心为卷叶地五缠枝菊，底足署青花双圈花押款。雏菊纹，又称
"翠菊纹""太阳花""幸福之花"，具有典型的域外文化特征。雏菊
纹盘在 16 世纪后期传入欧洲，为欧洲人民所喜爱，是明晚期以来著
名的外销瓷品种。

　　"碗礁一号"为清代康熙年间运输外销瓷器的商船,发现于福建平潭碗礁附近,出水文物近两万件,多为康熙早、中期景德镇民窑精品。这些瓷器随船运往东南亚,除在当地销售外,还有一部分产品由东印度公司销往欧洲。

91 ｜ 微缩瓷器（一组）
Porcelain Miniatures (Set)

清·康熙（1662~1722 年）
高 5.4~8.9 厘米
"碗礁一号" 沉船出水
福州市博物馆藏

　　此类微型瓷器为外销瓷，以各式瓶为主，高度多数在10厘米左右，绘青花人物纹或花卉纹，器形小巧，纹饰精美。研究认为，微型瓷器可能是欧洲人为"娃娃屋"配备的陈设品。17世纪晚期，荷兰的贵妇们追逐着一种时尚，就是用微缩的家具、织品和瓷器来装饰房屋模型。这类"娃娃屋"并不是孩子们的玩具，而是用来向客人和亲友们炫耀的昂贵展示品。

92 | 五彩开光博古花卉纹罐
Famille Verte Jar with Antiquities and Flowers in Panels

清·康熙（1662~1722 年）
高 30.5、口径 11、腹径 25.4、底径 14.5 厘米
"碗礁一号" 沉船出水
福州市博物馆藏

　　口微敛，弧肩，鼓腹，腹下部渐收，平底略凹。口、颈部露胎。肩部饰一周卷草纹，腹部通饰龟背锦地纹四开光，开光内分别绘有博古图、花卉图，近底处绘一周卷草纹边饰。通体有多处海底黏结物。

93 | 青花花草纹菱口豆

Blue-and-white Flower-rimed Dou-shaped Utensil with Pattern of Flowers and Grass

清（1644~1911 年）
高 5、口径 11.5、底径 6 厘米
"小白礁一号"沉船出水
宁波市文化遗产管理研究院藏

　　菱口，折沿，浅弧腹，盘心较平，高圈足外撇。盘沿、内外腹部饰十五组花草纹，内底饰莲子纹，圈足外壁饰四道弦纹，第二、三道弦纹之间饰有条带状纹样。胎质细白，白釉泛青，釉面莹润，足沿无釉。青花色泽鲜艳，有晕散效果。

　　"小白礁一号"沉船位于浙江宁波象山渔山列岛海域，为尖底木质海船。据推断，该船应为清道光年间商船，从宁波始发或经停宁波装货，可能开往东南亚地区。

94 **青花缠枝花卉纹勺**
Blue-and-white Spoon with Pattern of Entangled Flowers

清（1644~1911 年）
长 11.6、宽 5.3、高 4.3 厘米
"小白礁一号"沉船出水
宁波市文化遗产管理研究院藏

　　敞口，平底内凹，直柄。勺内侧饰缠枝花草纹，外底有青花方形印章式款。胎质细白，白釉泛青，釉面莹润，底部刮釉。青花颜色浓重，晕散明显，纹样线条流畅。

95 **青花缠枝花卉纹杯**
Blue-and-white Cup with Pattern of Entangled Flowers

清（1644~1911 年）
高 3.2、口径 7、底径 3.2 厘米
"小白礁一号"沉船出水
宁波市文化遗产管理研究院藏

　　撇口，斜腹下收，圈足。内口沿饰一周草叶纹，杯心简单饰以弦纹与草叶纹，外壁饰缠枝花卉纹。青花色泽鲜艳，器形小巧可爱。

96 青花缠枝花卉纹弧腹碗

Blue-and-white Curve-bellied Bowl with Pattern of Entangled Flowers

清（1644~1911 年）
高 6.4、口径 14.7、底径 5.9 厘米
"小白礁一号" 沉船出水
宁波市文化遗产管理研究院藏

敞口微撇，斜腹下收，圈足。内口沿饰一周草叶纹，碗心以弦纹与草叶纹简要装饰，外壁腹部饰缠枝花卉纹，近足处饰一周莲瓣纹。青花发色蓝中带青灰。

97 青花缠枝花卉纹弧腹碗
Blue-and-white Curve-bellied Bowl with Pattern of
Entangled Flowers

清（1644~1911 年）
高 7.6、口径 17.3、底径 7.3 厘米
"小白礁一号" 沉船出水
宁波市文化遗产管理研究院藏

　　敞口微撇，斜腹下收，圈足。内口沿饰
一周草叶纹，碗心于两道弦纹内绘缠枝花卉
纹，外壁腹部亦饰缠枝花卉纹，近足处饰一
周莲瓣纹。青花色泽浓重，晕散明显。

德化窑青花灵芝花卉纹盘
Blue-and-white Plate of Dehua Kiln with Pattern of Ganoderma Lucidum and Flowers

清（1644~1911年）
高 3.9、口径 18.6、底径 9.7 厘米
"泰兴号" 沉船出水
中国航海博物馆藏

　　撇口，浅弧腹，圈足。盘心饰螺纹圈，内外壁满绘青花灵芝纹和折枝花卉纹。

　　"泰兴号" 沉船于清道光二年（1822年）从福建厦门港出发，在西沙触礁沉没。1999年，"泰兴号" 被打捞出水，船长超过50米，总重超过1000吨。船上载有大量清代中晚期用于出口亚洲市场的德化窑青花瓷，以盘、碗、杯、碟等民间日用瓷为主，灵芝纹、花篮纹是其典型纹饰。

99 德化窑青花灵芝花卉纹碗
Blue-and-white Bowl of Dehua Kiln with Pattern of
Ganoderma Lucidum and Flowers

清（1644~1911 年）
高 7.7、口径 16.1、底径 8 厘米
"泰兴号" 沉船出水
中国航海博物馆藏

　　撇口，斜弧腹，圈足。内底饰螺纹圈，
内外壁满绘青花灵芝纹和折枝花卉纹。

100 德化窑青花花卉纹盖盒
Blue-and-white Covered Box of Dehua Kiln with
Flower Pattern

清（1644~1911 年）
通高 4.6、口径 6.9、底径 5.7 厘米
"泰兴号" 沉船出水
中国航海博物馆藏

　　盒盖与盒身以子母口相扣合。盒口内敛，
弧腹斜收，圈足；盖浅弧腹，平顶。盖面上双
弦纹内描绘一株花草纹，有德化青花特有的
"蚯蚓走泥纹" 特征。

101 德化窑青花花篮纹折沿盘
Blue-and-white Plate of Dehua Kiln with Folded Rim
and Pattern of Flower Basket

清（1644~1911 年）
高 3、口径 15、底径 6.7 厘米
"泰兴号" 沉船出水
中国航海博物馆藏

　　敞口微撇，平折沿，浅弧腹，圈足。内口
沿饰一周青花宽边带，盘心绘青花花篮纹，外
壁则饰以几组简笔花卉。

德化窑青花花篮纹折沿碟
Blue-and-white Dish of Dehua Kiln with Folded
Rim and Pattern of Flower Basket

清（1644~1911 年）
高 2.1、口径 11、底径 5.5 厘米
"泰兴号"沉船出水
中国航海博物馆藏

　　敞口微撇，平折沿，浅弧腹，圈足。
内口沿饰一周青花宽边带，盘心绘青花花
篮纹，外壁则饰以几组简笔花卉。

第五单元
信仰之舟

UNIT V
FOLK BELIEFS

精神舶来品与物质舶来品形影不离。航海带来的不仅是人口、商品的交换，更有宗教与文化的交流互通。包括佛教、伊斯兰教、基督教、印度教在内，我国几大外来宗教在国内的传播发展无不与航海密切相关。除了外来宗教，中国沿海地区以妈祖为代表的民间信俗也是中国航海史中不可或缺的部分。

Spiritual and material imports are inseparable. Maritime transport not only brought forth exchanges of people and goods, but also triggered communication of religions and cultures. The spread of foreign religions in China such as Buddhism, Islam, Christianity and Hinduism were all closely connected with navigation. In addition, the local folk beliefs in coastal regions such as Mazu were also an indispensable part of China's maritime history.

佛教传入中国有陆路和海路两种途径。海路方面，佛教极有可能是从印度南端，经由林邑（今越南中南部）、扶南（今柬埔寨）北上传至中国东南沿海。广州就是中国最早沐浴海上佛光的地方之一。因南朝时佛教禅宗鼻祖达摩从印度航海抵达广州，这里被称为"西来初地"。

103 | 鎏金铜佛像
Gilded Copper Buddha Statue

南朝（420~589 年）
通高 54.5、佛身高 43.8、座高 10.7、座径 17.4 厘米
广州博物馆藏

这尊佛像立于莲花宝座之上，一手指天，一手指地，双目微闭，神情祥和。佛教在南北朝时得到广泛传播，佛教造像即是当时佛教兴旺的佐证。

104 │ **达摩渡海镜**
Bronze Mirror with Pattern of *Bodhidharma Crossing the Sea*

金（1115~1234 年）
直径 17.75 厘米
辽宁省博物馆藏

　　八出葵花边形，圆纽。镜背饰海水纹间以波浪纹，
镜纽右侧刻画一位身披袈裟、手持笠帽的僧人，即为达
摩。纽左侧的海水中浮有一神兽，上方一缕祥云冉冉腾
起，祥云中托有一庙宇式建筑。铜镜刻画的是达摩渡海传
经的故事，这是宋金时期颇为流行的人物故事镜。

泉州是中国佛教文化传入较早较集中的地方之一，古有"泉南佛国"之称。晋代，泉州已建有佛寺；南北朝时有外国僧人远渡泉州弘法的记载。随着海上交通的兴起，泉州佛教更加兴盛，六朝时期的墓砖上大量出现飞天、莲花、僧侣、佛像等佛教题材纹饰。泉州南安丰州南朝墓出土了若干佛教纹饰陶墓砖，侧面说明当时佛教在泉州等地民间的传播已较为普遍。

105 | 僧侣纹墓砖
Tomb Brick with Pattern of Monk

南朝天监十一年（512 年）
长 23、宽 19、厚 6 厘米
福建南安丰州皇冠山南朝墓出土
泉州市博物馆藏

　　长方体，较窄一面刻划僧侣纹。头部为侧面像，光头，眉毛浓重，双目凹陷，鼻子巨大；上身裸露，肋骨清晰可见，双手合十置于胸前；下身系裙，双脚并立于一类似木板的物体之上。

106 立莲佛像纹墓砖
Tomb Brick with Pattern of Buddha Statue on
Lotus

南朝天监十一年（512 年）
长 23、宽 19、厚 6 厘米
福建南安丰州皇冠山南朝墓出土
泉州市博物馆藏

　　长方体，较窄一面刻划立莲佛像纹。
佛像头顶见圆形髻，头部后有圆形背光，
面部丰满，五官清晰，双手五指张开置于
胸前；下着喇叭形裙装，腰带清晰可见，
双脚合并站立于一莲花座上。

107 佛教信徒纹墓砖
Tomb Brick with Pattern of Buddhist
Believer

南朝天监十一年（512 年）
长 23、宽 19、厚 6 厘米
福建南安丰州皇冠山南朝墓出土
泉州市博物馆藏

　　长方体，较窄一面刻划佛教
信徒纹。人物头戴"M"形冠，面
部丰满，五官清晰，胸部左右凸起
两点，双手置于腹部，盘腿而坐。

　　经由海路传入东南沿海的佛教，开始向中国内地与北方传播；同时，从陆路传入中国的北传佛教也不断南下。处于南下与北上交汇之处的南京遂成为六朝时佛教传播与交流的中心，长干寺就是当时所建。出土自长干寺地宫的众多佛教供器是南京作为礼佛圣地而佛教繁盛的证明，反映出千年前通过"海上丝绸之路"发生的文明碰撞，以及印度佛教在中国落地生根的过程。

108 长干寺鎏金莲花宝子银香炉
Gilded Silver Incense Buddhist Burner with Lotus Pattern of Changgan Temple

北宋（960~1127 年）
通高 15.5、通长 35.2 厘米
江苏南京长干寺地宫出土
南京市博物总馆—南京市博物馆藏

　　银质，鎏金。整体造型为一枝横置的莲花，花、叶、果实及枝茎一应俱全。两枚俯置荷叶为托座，莲花为炉。炉下擎出一茎，上承佛像一尊，双手示禅定印，后有背光，结跏趺坐于莲座之上。又有含苞待放的花蕾两枝，莲蓬形宝子一枝，数枝结为一束，成为香炉的长柄，柄末又附宝子一枚，用来盛放香料。此为典型的宋代手持香炉，应为行香礼佛专用，存世数量极少。

109 | 长干寺鎏金银香薰
Gilded Silver Incense Burner of Changgan Temple

北宋（960~1127 年）
通高 13、口径 12.1 厘米
江苏南京长干寺地宫出土
南京市博物总馆—南京市博物馆藏

　　整体近似球形，上、下两部分造型相同，以子母口相扣合。顶部带有鎏金拉环，便于提放、开启。通体镂空，装饰有卷草、莲花及凤鸟纹。出土时不但装有香料，还存放着金币、丝织品等其他供养物。

伊斯兰教是较早随"海上丝绸之路"传入中国的外来宗教之一。宋元时，社会环境包容开放，东南沿海港口有大量阿拉伯商人，伊斯兰教也得以在中国传播发展。部分阿拉伯人留在了中国，并最终埋骨于斯。

110 伊斯兰教徒珊瑚石墓碑
Islamic Corallite Gravestone

唐—宋元（618~1368 年）
高 66、宽 47、厚 16 厘米
海南陵水县出土
海南省博物馆藏

　　碑首呈尖圭形，左右两侧各凿有三道深槽。碑刻阿拉伯文，内容包含《古兰经》、墓主名字以及"斋月吉日"等，饰圆月、卷云、花朵、生命树等图案。在海南省三亚市和陵水县的近海地区，发现有若干伊斯兰教徒古墓，年代从唐代延续至宋元。此碑选取海南海边特有的珊瑚石制成，既有鲜明的伊斯兰教风格，又有独特的海南地域特色。

111 伊斯兰教阿拉伯文石挡垛
Islamic Tomb Buttress with Arabic Inscriptions

元（1271~1368 年）
高 26、宽 73、厚 8 厘米
泉州海外交通史博物馆藏

　　由辉绿岩石雕刻成。一侧残缺，一侧雕刻间柱，并于卷云纹图案边框内阴刻阿拉伯文，译文为："以先知（愿他平安）的话……"泉州发现有大量宋元时期的伊斯兰教石刻，多为墓葬石刻或清真寺建筑石刻。挡垛即墓盖石的两端，系墓盖的一部分。

112 | 正德款青花阿拉伯文器座

Blue-and-white Foundation with Mark of Emperor Zheng De
and Arabic Inscriptions

明（1368~1644 年）
高 14.8、口径 6.8、底径 12.5 厘米
天津博物馆藏

　　呈六边棱形，盘口，底以六足相承。通体以青花为饰，外口沿绘席纹，下部六个棱面绘六个菱花形开光，内书阿拉伯文字，开光间绘缠枝花卉，器底青花双圈内署"大明正德年制"双行六字楷书款。此器是明代中期伊斯兰文化与汉文化相交融的珍贵遗存。

宋元时期，印度教也随着泉州与印度经贸的发展而传入，当时流行的印度教属南印度 13 世纪初形成的湿婆教林加派。印度教在中国的活动范围与影响程度不如伊斯兰教，随泉州"海上丝绸之路"的衰落而消亡。

113 印度教恶魔石构件
Stone Component of Hindu Devil

元（1271~1368 年）
高 58、宽 40 厘米
福建泉州开元寺戒坛出土
泉州海外交通史博物馆藏

由辉绿岩石雕成。兽头顶长一角，双耳高耸，露牙，口中吐出的气体在胸前构成羽翼形对称图案，中间垂下一个心形雕刻。下部基座上刻剑形垂注。1992 年 3 月，泉州开元寺戒坛出土十一方古印度教石刻，其中兽面形石刻有六方，此为其中之一。这种恶魔石构件在南印度教寺被普遍运用，南印度人认为这是"好恶魔"的形象，它们吐出长舌头，卷入不好的东西，起辟邪之功用。

作为世界上最大的宗教，基督教早在唐代时就曾传入中国内地，即东方亚述教会，当时被称为景教。景教起源于今叙利亚，是从东正教分裂出来的聂斯托利派，被视为最早进入中国的基督教派。

114 也里世八墓碑
Gravestone of Yelishiba

元延祐四年（1317 年）
高 29.8、宽 25.8、厚 4 厘米
扬州博物馆藏

　　青石制成，为当时景教碑的典型样式。碑额作半圆形，中间刻十字架标志，下承莲花；两侧呈对称布局，分别刻一四翼天使，头戴十字双耳冠。四翼天使产生于两河流域的亚述文明，常见于扬州、泉州等地出土的景教石刻上，在新疆、内蒙古等陆路传播地区所出土的景教石刻中尚未发现，可说是"海上丝绸之路"传播的结果。碑上叙利亚文和中文合璧，中文碑文为："岁次丁巳延祐四年三月初九日 三十三岁身故 五月十六日明吉 大都忻都妻也里世八之墓。"可知墓主名为也里世八（碑文古叙利亚语中译为伊丽莎白），她是元朝都城大都（今北京）一位名叫忻都的官员之妻。"忻都""也里世八"皆为蒙古族人名。

115 ｜ 基督教圆柱状石墓盖
Christian Cylindrical Stone Tomb Cover

元（1271~1368 年）
高 60、直径 48 厘米
泉州海外交通史博物馆藏

　　由白花岗石雕成，呈圆柱形，顶部稍圆。圆柱正面浮雕一个大十字架，十字架下浮刻一朵盛开的六瓣莲花，这种装饰被称为"刺桐十字架"，是中国景教特有的艺术符号。此为宋元时期景教徒的舍利塔形式石墓的构件。

116 景教浮雕飞天石碑
Nestorian Stone Tablet with Flying Apsaras in Relievo

元（1271~1368 年）
高 23.8、残宽 41、厚 10 厘米
泉州市博物馆藏

　　青石质，长方形，单面浮雕。石刻雕饰精美，正面刻一莲花柱，旁边为一飞翔的天使，身着圆领长裙，肩披飘带，双手捧持圣物。圣物置于托盘上，为一元宝形容器内置盛开的莲花，莲花上立一十字架。石碑下方满刻叙利亚文。这种飘带天使的形象在泉州景教石刻中很常见，与佛教中的飞天形象相似，融入了中国世俗的元素。

宋元以后，西方与亚洲的海上交流更加频繁，基督教在中国已有一定影响，天主教等教派也传入中国沿海，统称为"也里可温"教。

117 扬州天主教徒凯瑟琳拉丁文墓碑
Gravestone of Catholic Catherine in Latin in Yangzhou

元（1271~1368 年）
高 62、宽 50、厚 12.5 厘米
江苏扬州南门水关附近出土
扬州博物馆藏

　　意大利商人伊利翁尼之女凯瑟琳的墓碑。墓碑上方图像内容为
与墓主人同名的基督教圣徒凯瑟琳的生平事迹；下方以古哥特拉丁
文书写铭文，记载了墓主人的身份与去世的时间。墓碑释文："以主
之名，阿门。在这里长眠着的凯瑟琳，为多密尼·伊利翁尼先生已故
的女儿，她卒于主的纪元 1342 年 6 月。"

　　墓碑的形制遵循中世纪天主教的图像传统，但在创作时融入了
大量中国化的艺术元素。例如顶部圣母子的坐具为中国样式的木凳；
墓碑边饰也是中国传统的唐草纹；凯瑟琳与行刑者的形象、服饰具
有中国本土特征。种种特征显示，此碑可能出自中国工匠之手。

118 | 耶稣会传教士艾若瑟墓碑残件

Gravestone Remnant of Jesuit Missionary Antonio
Francesco Giuseppe Provana

清（1644~1911 年）
高 56、宽 76、厚 7 厘米
广州博物馆藏

　　近方形。刻中文及拉丁文铭文，记载了天主教传教士艾若瑟的生平事迹。残碑上仍可见"往大西洋公干""皇恩特赐安葬"等字样。

　　艾若瑟（1662~1720 年），意大利人，天主教传教士，清初来华传教，受到康熙帝器重，又奉命出使罗马教廷。因病留居欧洲六年方返华复命，回程时航海至小西洋大浪山（好望角附近）时病逝。灵柩运至广州，葬城外瑶台乡。

除了外来宗教，中国沿海各地民间自古以来就有众多海神信仰，通过趋吉避凶的求神仪式来祈祷海不扬波、航行平安。其中，妈祖是中国影响最大的航海保护神。公元987年，福建省莆田市湄洲岛的妈祖因救海难而献身，被该岛百姓立庙祭祀，成为海神。在历代官方与民间的推动下，妈祖信仰迅速传播，影响世界20多个国家和地区，为两亿多民众所崇拜并传承至今。

119 清拓明《天妃灵应之记》碑拓片

Rubbing in Qing Dynasty of the Stone Tablet of *Tian Fei Ling Ying Zhi Ji* in Ming Dynasty

清（1644~1911年）
纵164、横80厘米
中国航海博物馆藏

此碑为明宣德六年（1431年）郑和第七次下西洋之前寄泊福建长乐时，与王景弘、洪保等为祭祀天妃而立。碑文共1177字，记述了在长乐修建庙宇、立碑、铸造铜钟诸事，颂扬天妃佑护之功，还记载了前六次下西洋的经历。

天妃之神靈應記

皇明混一海宇超三代而軼漢唐際天極地罔采臣妾其西域之西迤北之北固遠矣而程途可計唯海外諸番實為遐壤皆奉琛執贄重譯而至

立士上
嘉其忠誠命和等統率官校旗軍數萬人乘巨舶百餘艘齎幣往賚之所以宣德化而柔遠人也自永樂三年奉使西洋迨今七次所歷番國

羅國直踰南天竺錫蘭山國古里國柯枝國抵於西域忽魯謨斯國阿丹國木骨都束國大小凡三十餘國涉滄溟十萬餘里觀夫海洋洪濤接天巨浪如山視諸夷域迥隔於煙霞縹緲之間而我之雲帆高張晝夜星馳涉彼狂瀾若履通衢者誠荷朝廷威福之致尤賴天妃之神護佑之德也

神之靈固嘗著於昔時而盛顯於當代溟渤之間或遇風濤

天妃之神發祐之德之神之靈固嘗著於昔時而盛顯於當代溟渤之間

御製記文以彰靈貺褒美至矣又命建宮於南京龍江之上永傳祀典欽崇

朝廷記錄之

三清寶殿一所神宮之左雕梁畫棟髹餙粲然一新鐘鼓供儀靡不具備復於殿前造三清寶殿一所

御製記文以彰靈貺褒美至矣

地神明之心眾願所歸況蹈事殷庶幾宏麗不日成之畫棟連雲如翬斯飛凡此皆

誠心施財愚建以為官軍祈報之所

德明之心眾願所歸

奏建以為官軍祈報之所既嚴且整右有南山塔寺歲久荒涼

無不立盡誠以率之則海波不應和等上荷

地神明之心眾願所歸

重德于石俾記諸番往迴之歲月以貽永久焉

120 桂木妈祖雕像
Artocarpuslingnanensis Statue of Goddess Mazu

清（1644~1911 年）
高 96.5、宽 34.5 厘米
中国（海南）南海博物馆藏

　　神像为桂木雕成，上施彩绘。妈祖头戴花冠，脸庞丰腴，手持玉圭，身着宽衣长袖，端坐于台座之上，神态安详，雍容端庄。

121 彩绘妈祖石雕像
Painted Stone Statue of Goddess Mazu

清（1644~1911 年）
高 95.3、宽 45.5 厘米
江苏省江海博物馆藏

　　石质。头戴花冠，额际高广，弯眉长目，面带微笑，端庄慈祥。双手于胸前，手捧吉物（已佚），身着绿袍红袖，玫红色云肩，蓝色披肩，黄色流苏，色彩十分丰富。

122 《皇会图》
Huang Hui Tu

清（1644~1911 年）晚期
每幅画芯纵 132、横 61 厘米
天津博物馆藏

　　妈祖信仰经过广泛传播与长久发展，积极与各地本土风俗融合，留下了众多独具特色的航海文化遗产。妈祖信仰在元代传入天津地区，逐渐从航海保护神演变为城市全能保护神，并形成了

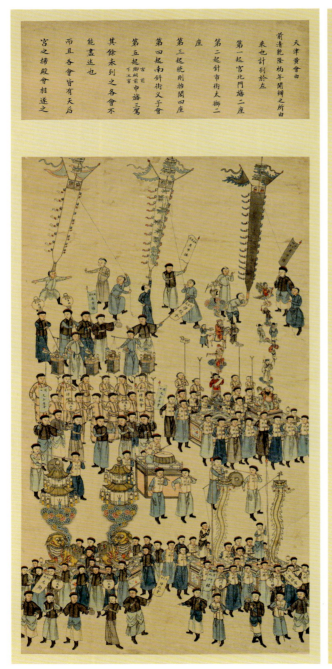

庆祝妈祖诞辰的天津皇会活动。

　　《皇会图》是以妈祖祭典天津皇会为题材的画作，画中描绘了宫北门幡会、针市街太狮会、姜家井云狮老会、西沽太平花鼓老会等共32道天津香会，深具天津地方文化趣味，是研究我国北方妈祖信俗的重要实物。

第六起姜家井雲龍獅老會　此會當是設村八姜人其中有　此會亦曰捷獸

第七起鄉祠前遠音跨鼓會　文武童子對較　該會中人相約五六百員

第八起北城根集善扛箱老會　又名打五虎　該會共二三百人

第九起西門內緩扒杆老會　此會亦二三百人

天津黃會由

前清乾隆初年開辦之所由

來也計列於左

第一起宮北門燔二座

第二起針市街太獅二座

第三起統鈸抬閣四座

第四起南斜街義子會

第五起鄉祠前中燔三駕　宮前　宮前鄉祠前下次宮

其餘未列之各會不

能盡述也

而且各會皆有天后

宮之掃殿會相送之

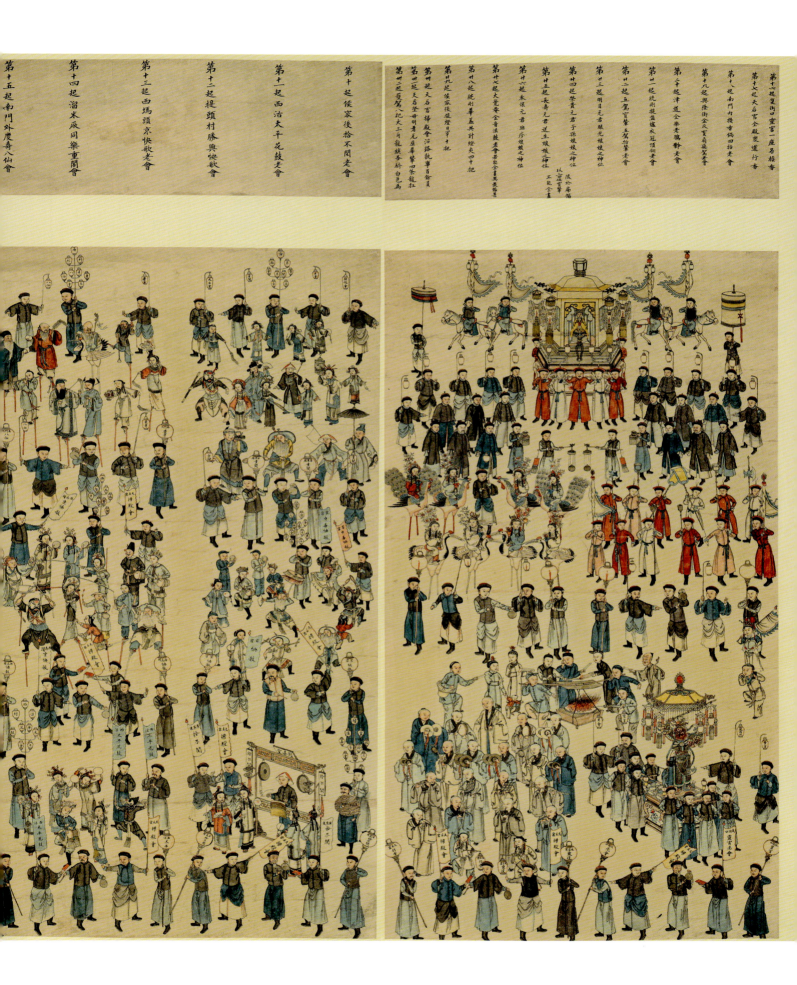

123 ｜ **石雕男子像**
Stone Statue of A Man

清（1644~1911 年）
通高 177、宽 58、厚 44 厘米
"珊瑚岛一号" 沉船遗址出水
海南省博物馆藏

　　此男性石像头戴官帽，身着团领衫右衽袍，宽袖长襟，腰间束带，前胸阴刻仙鹤补子，右手置于腰部作持物状，脚踏皂靴，立于一扇形平台之上。人物造型和服饰特征具有一定的明代特点和风格，推测是民间崇拜的神灵形象，供奉于祠堂或庙宇中。

　　"珊瑚岛一号" 沉船遗址是西沙群岛永乐环礁海域的一处清代遗存，遗址中发现数件福建闽南地区生产的石雕像。

　　东南沿海地区还有着广泛的海神崇拜，随着历代华人赴海外各地区经商、务工、移民，妈祖、巡海大臣等海神信仰也随之传播扩散到华人所到之地。

124 石雕女子像
Stone Statue of A Woman

清（1644~1911 年）
通高 152、宽 50、厚 42 厘米
"珊瑚岛一号"沉船遗址出水
海南省博物馆藏

　　与石雕男子像一同出水。女像身着直领、长袖、对襟褶子，下裙长及脚面，双脚微微露出，双手扶一长条状物件倚于身体左侧，立于一扇形平台之上。女像与福建长乐大王宫遗址出土的妈祖随侍塑像以及《天后圣母圣迹图志》中绘制的天后随侍形象在人物造型和服饰特征上相近，推测其随侍于妈祖主像两侧，用于祠堂或庙宇中。

第六单元
东西互鉴

UNIT VI
MUTUAL LEARNING

15 世纪开始，科学技术的进步、航海能力的提高，帮助欧洲人开启了地理大发现与全球海上贸易新时代。虽然明清实行海禁与闭关锁国，但政策时松时紧，与西方的海上交流窗口并未完全封闭。

这一时期，通过航海进行的中西文化交流在深度和广度上都大大超过之前任何时代，东西方文明在交融与碰撞中互学互鉴，这种互鉴不仅反映在科学技术、审美意趣、艺术风格等方方面面，更生动体现于社会风俗与人们的衣食住行中。

The progress of science and technology and the navigation capabilities since the 15th century helped Europeans start an Age of Exploration and a new epoch of global maritime trade. Although the Ming and Qing Dynasties advocated the ban on maritime trade and closed-door policies, the maritime ties with the western countries were not completely cut off due to policy volatility.

During this period, the cultural exchange between China and western countries by maritime activities became much deeper and wider than any time before. Through melting and collision, the eastern and western civilizations learned from each other, which were not only reflected by science and technology, aesthetic taste and artistic style, but also vividly transformed social customs and people's lifestyles.

明末清初，大批耶稣会传教士远渡重洋来华传教，他们以科学技术与各类"西洋奇器"为传教的敲门砖，掀起一股"西学东渐"的潮流，开阔了时人的视野。其中，传教士带来的西洋自鸣钟受到上至宫廷下至民间的喜爱，很快在中国流行开来，其技术也为国内工匠学习和吸收。

125 ｜ 洋金壳怀表
Pocket Watch with Gilded Shell

清（1644~1911 年）
高 7.6、直径 5.9 厘米
辽宁喀左县清代官僚丹巴多尔济墓出土
辽宁省博物馆藏

　　金属质，圆形。表盘部分已损坏。表背饰西洋画珐琅母子图，画面外装饰卷草纹，周缘镶嵌珠宝。怀表做工精致，纹饰艳丽细腻，可能出自法国。

126 铜鎏金西洋钟
Gilded Copper Western-style Clock

19 世纪
高 40、长 34.5、宽 10.5 厘米
广东省博物馆藏

　　铜质，表面鎏金。底座方形，四足及底座皆饰鎏金花卉纹。底座上置表盘，表盘右侧的女子身体斜躺，盘发，左手拿一块手帕，手肘置于一个咖啡色的包裹上，目视侧前方，若有所思。人物雕工细腻，形态生动。

清（1644~1911 年）
高 23.5、长 14.5、宽 7.5 厘米
南京市博物总馆—南京市民俗博物馆藏

　　皮筒钟起源于18世纪的法国，是一种装在皮筒内拎携的小型旅行钟。此件皮筒钟为法国产，纯手工制作。钟体为铜质，呈圆拱门状，四足外撇，顶部有一小按钮，轻轻按下就能报时报刻。通体采用掐丝珐琅工艺装饰，制作精良。

　　随着跨洋人口流动的增加，不同地区之间的认识与交往加深，东西方各自的生活习俗和流行风尚自然也有了跨洋传播的可能，并在长期磨合中融入本土文化，成为中西方文明汇流的缩影。

　　清朝康熙等皇帝对西洋的玻璃制品喜爱有加，这种喜好深刻影响了宫廷玻璃的生产与使用。在远渡重洋来到中国的传教士中，有一些是掌握玻璃烧造技术的优秀工匠，他们进入清宫造办处玻璃厂，给清宫玻璃的生产设备、配方、装饰手法、制造工艺等带来了直接影响。

128 青草绿玻璃十二瓜棱长颈瓶
Grass Green Twelve Melon-ridged Glass Flask

清·乾隆（1736~1795 年）
高 26.5、腹径 12.5 厘米

　　一对。直口，细长颈，圆腹，圈足，瓶身呈十二瓜棱造型。器底阴刻"乾隆年制"双竖行楷书款。通体呈翠绿色，尺寸硕大，器形规整。

129 珊瑚红色玻璃双鱼尊
Coral Red Double-fish Glass Vase

清·乾隆（1736~1795 年）
通高 21.2、长 10.2、宽 5 厘米

　　呈双鱼合抱造型，形状、纹饰对称，刻画逼真。鱼口即为瓶口，鱼眼凸出，鱼身微鼓，背鳍对称，四对腹鳍两两相连，鱼尾微撇。鱼尊底部为一圈水波纹，犹如两条鱼儿立于水波之上。外底阳刻"乾隆年制"双竖行篆书款。

130 葡萄紫色玻璃圆形盖盒
Grape Purple Round Glass Covered Box

清·乾隆（1736~1795 年）
高 5、口径 7.5、底径 5 厘米

　　盖与盒身以子母口相扣合。呈扁圆形，有圈足。通体为透明葡萄紫色，光素无纹，盒身底部阴刻描金"乾隆年制"双竖行楷书款。玻璃质地精纯，颜色纯正，是乾隆朝玻璃制品高超水平的代表。

131 ｜ 宝石红色玻璃如意方形盖盒
Ruby Ruyi-shaped Square Glass Covered Box

清·乾隆（1736~1795 年）
通高 2.7、长 5.8、宽 5.8 厘米

　　盖与盒身以子母口相扣合。呈不规则四方形，方形足，四角高浮雕如意纹。通体为透明宝石红色，晶莹剔透，美轮美奂。

132 ｜ 胭脂红色玻璃葵花形水丞
Carmine Sunflower-shaped Glass Water Container

清·乾隆（1736~1795 年）
高 2.8、口径 8、底径 4.5 厘米

　　花形，撇口，鼓腹，圈足。整器低矮扁平，小巧精致，造型如同一朵盛开的碗莲。通体呈透明胭脂红色，晶莹透亮，纯正艳丽。

133 豆绿色玻璃花形水丞
Pea Green Bud-shaped Glass Water Container

清·乾隆（1736~1795 年）
高 5.2、口径 4.2、腹径 6.3 厘米

　　八瓣花形，敞口，高束颈，鼓腹。整器表面刻斜棱纹，通体为不透明豆绿色，造型优雅独特。

134 宝石蓝色玻璃耳杯
Gem Blue Glass Eared Cup

清·乾隆（1736~1795 年）
高 3、口长径 9.8、底长径 6 厘米

　　椭圆形，长边两侧有一对弧形耳，平底。通体呈透明宝石蓝色。

135 柠檬黄色玻璃桥耳炉
Lemon Yellow Glass Burner with Bridge-shaped Ears

清·乾隆（1736~1795 年）
高 4.5、口径 5.8、腹径 7 厘米

　　直口，桥耳，鼓腹，三乳丁足。通体呈不透明柠檬黄色，温润光洁，外观优美端庄。

136 雄黄色玻璃卧足小杯
Small Realgar-colored Horizontal-legged Glass Cup

清·乾隆（1736~1795 年）
高 3.5、口径 5.4、底径 2.8 厘米

　　敞口，弧腹，卧足。壁薄，通体呈不透明雄黄色。光素无纹，底部阴刻"乾隆年制"双竖行楷书款。质感坚硬，形制小巧，器形饱满，造型端庄规整，是乾隆小杯的典型代表。

137 藕粉色玻璃卧足小杯
Small Lotus-root Pink Horizontal-legged Glass Cup

清·嘉庆（1796~1820 年）
高 3.2、口径 5.8、底径 3 厘米

　　敞口，浅腹，卧足。通体呈半透明藕粉色。底部阴刻"嘉庆年制"双竖行楷书款。色彩别致，器形饱满。

明末清初，鼻烟盒伴随西方吸食鼻烟的潮流一起进入中国，开始在上流社会风行。随后，鼻烟盒逐渐东方化，演变为小口、广腹的鼻烟壶，并成为供人玩赏和显示身份地位的艺术佳品，是中西社会风俗与文化艺术有机融合的典型器物。

138 松石绿色玻璃几何形鼻烟壶
Pine Green Geometric Glass Snuff Bottle

清·乾隆（1736~1795 年）
通高 4.5、口径 1.3、腹径 4.2、底径 2 厘米

直口，腹部两面削成多角几何切面，平底，配宝石蓝色花形盖。此壶造型独特，采用了西方宝石切割工艺，是中西文化在玻璃艺术上碰撞的结晶。

139 柠檬黄色玻璃几何形鼻烟壶
Lemon Yellow Geometric Glass Snuff Bottle

清·乾隆（1736~1795 年）
通高 5、口径 1.2、腹径 2.3、底径 1.5 厘米

长瓶形，直口，削肩，腹部呈六角削面，配藕粉色花形盖。通体呈清新明亮的柠檬黄色。这种圆筒造型的鼻烟壶常见于早期的瓷壶，在玻璃器中较为少见。

140 豆绿色玻璃鼻烟壶
Pea Green Glass Snuff Bottle

清·乾隆（1736~1795 年）
通高 4.8、口径 1.3、腹径 3.6、底径 1.9 厘米

　　直口，圆肩，配柠檬黄色花形盖，壶体呈圆卵形，腹部刻柳编纹。

141 宝石红色玻璃瓜棱鼻烟壶
Ruby Melon-ridged Glass Snuff Bottle

清·乾隆（1736~1795 年）
通高 4.5、口径 1.3、腹径 4、底径 1.8 厘米

　　直口，圆肩，圆形鼓腹，表面有阳起瓜棱，配红色花形盖。此壶小巧精致，宝石红色天然纯正无气泡，可与天然红宝石媲美。宝石红色玻璃配方源自欧洲，但烧造成本过于昂贵，很少使用，由传教士传入清宫后，成为康雍乾三代帝王的挚爱。

　　中国扇小巧精致，纹饰华美，既符合西方人的审美趣味，又散发着迷人的"东方风情"。随海路流入欧美后，中国扇在 18 至 19 世纪风靡欧洲，成为名媛淑女服饰装扮的必备之物，由是发展出明显受"中国风"影响却又与中国传统扇文化截然不同的时尚潮流。

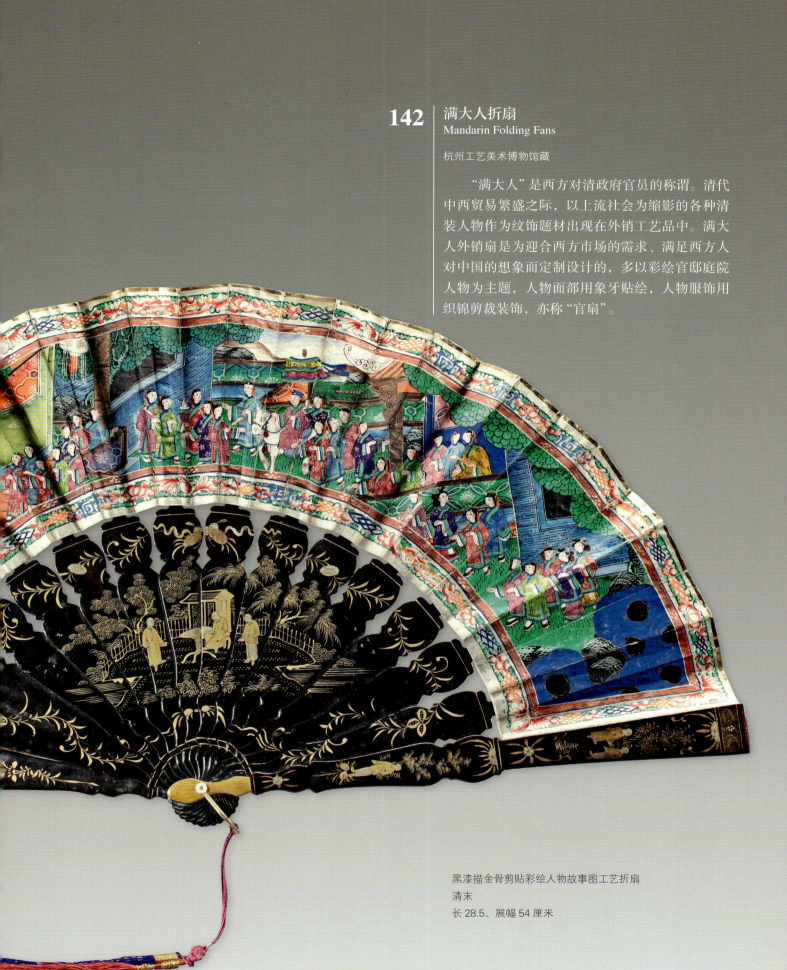

142 满大人折扇
Mandarin Folding Fans

杭州工艺美术博物馆藏

　　"满大人"是西方对清政府官员的称谓。清代中西贸易繁盛之际，以上流社会为缩影的各种清装人物作为纹饰题材出现在外销工艺品中。满大人外销扇是为迎合西方市场的需求、满足西方人对中国的想象而定制设计的，多以彩绘官邸庭院人物为主题，人物面部用象牙贴绘，人物服饰用织锦剪裁装饰，亦称"官扇"。

黑漆描金骨剪贴彩绘人物故事图工艺折扇
清末
长 28.5、展幅 54 厘米

象牙骨剪贴彩绘人物故事图工艺折扇
清末—民国
长 28、展幅 52 厘米

檀香木骨剪贴彩绘人物故事图工艺折扇
清末—民国
长 27.5、展幅 52 厘米

黑漆描金骨剪贴彩绘人物故事图工艺折扇
清末—民国
长 28、展幅 53 厘米

黑漆描金骨剪贴彩绘人物故事图工艺折扇
近代
长 28、展幅 53 厘米

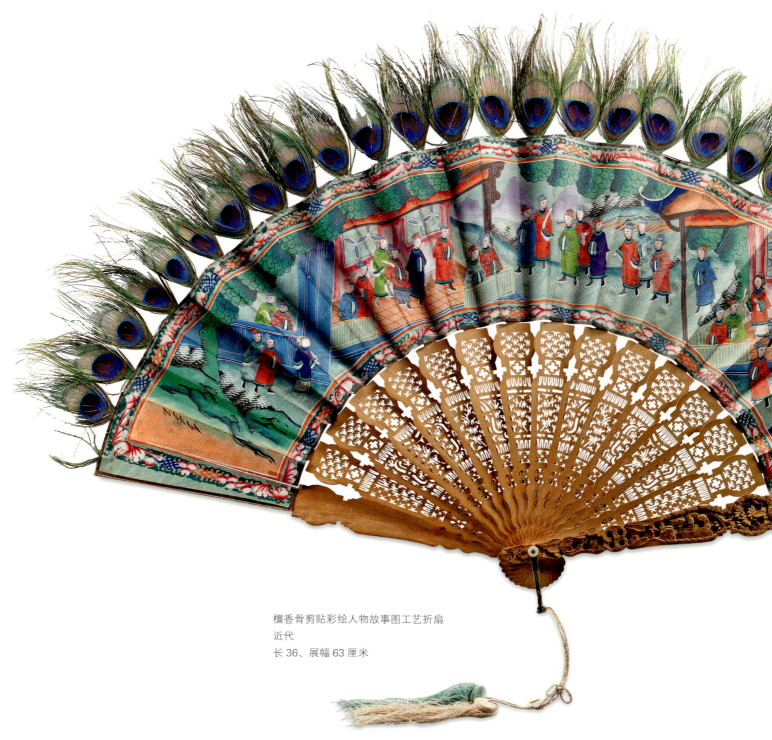

檀香骨剪贴彩绘人物故事图工艺折扇
近代
长36、展幅63厘米

143 | 景德镇窑蓝釉天球瓶
Blue Glazed Vault-of-heaven Vase of Jingdezhen Kiln

清（1644~1911 年）
高 55.5、口径 12、腹径 39.8、底径 18.5 厘米
福建博物院藏

　　小口，直颈，丰肩，鼓腹，圈足，砂底微凹。底书"大清乾隆年制"篆书款。天球瓶是受西亚文化影响极深的一种瓷器造型，因腹部硕大浑圆，状似天体星球，故名。传入中国后，天球瓶与传统的"天圆地方"天体认知及君权天授思想联系在了一起，成为宫廷陈设瓷的经典品种。

144 | 青花矾红加金彩花卉纹壶

Blue-and-white with Allite Red and Gold Colored Pot with Flower Pattern

清·康熙（1662~1722 年）
通高 11、通宽 12.5、口径 6.2、底径 5.4 厘米
中国茶叶博物馆藏

　　壶盖与壶身以子母口相扣合。圆盖宝珠纽，壶身圆腹，直流，耳形把，浅圈足。用青花红彩描金装饰纹样，壶身腹部绘有折枝牡丹纹及花瓶纹。这种青花矾红描金工艺主要流行于 18 世纪二三十年代，是景德镇仿日本伊万里瓷器风格的外销产品。

　　日本伊万里瓷曾作为中国瓷器的替代品行销欧洲。清康熙开海之初，海外贸易复兴，中国开始仿制伊万里瓷以争夺市场，即"中国伊万里"。两者彼此借鉴、相互竞争，是大航海时代文化交流融合的见证。

145 广彩纹章奶壶
Canton Enamel Milk Jug with Emblazon

清·乾隆（1736~1795 年）
高 15.8、腹径 7.5 厘米
中国航海博物馆藏

　　花瓣口，瓜棱腹，腹微鼓，耳形手柄。此壶
造型奇特，是西方人专门用以盛奶的瓷器，壶外
一面绘有花卉纹，另一面绘有荷兰阿姆斯特丹斯
诺克家族的徽章，具有浓郁的外销品特色。

　　18世纪，欧美国家的皇室、贵族、社团、城
市等将象征自身权利、荣耀或身份的徽章图案烧
制在定制的中国瓷器上，称为"纹章瓷"。这些纹
章瓷由中国工匠按照欧洲商人提供的造型、纹饰
等烧制而成，既有中国传统制瓷工艺特点，又体
现了精美典雅的欧洲装饰风格。

广彩即广州织金彩瓷，是清康熙开海之后专为外销而生产的釉上彩瓷品种。广州工匠将景德镇的白瓷胎按照西方人审美习惯加彩烘烧，融合了中国传统与西式的瓷器装饰方法及纹饰，是东西方文化交流的结晶。

146 广彩潘趣大碗
Canton Enamel Punch Bowl

清（1644~1911 年）
高 23.9、口径 59.2、底径 34 厘米
广州博物馆藏

　　敞口，斜弧腹，圈足，器形硕大。共绘制 206 个人物、碗沿、内壁、碗心以及外壁分别呈现不同场景和人物故事，纹饰繁复紧密，色彩华丽饱满，人物生动传神，表现出热闹、喜庆的生活场景。

　　"潘趣碗"一词音译自英文 punch bowl，是欧洲人用来调制果酒的器具，后来也用作装饰品，中国称之为"宾治碗"或"潘趣碗"。18~20 世纪，随着欧洲上层社会私人宴会的日益流行，欧洲人曾大量从景德镇和广州定烧这类大碗。

147 广彩开光波斯文人物花卉纹盘
Canton Enamel Plate with Persian, Figures and
Flowers in Panels

清（1644~1911 年）
高 6.4、口径 35.7、底径 20.5 厘米
中国（海南）南海博物馆藏

　　敞口，浅腹下收，圈足，器形硕大。
外壁素面无纹。内壁以多种釉彩满绘纹饰，
从口沿处开始依次为几何纹、花卉纹、几
何纹，下接六开光，开光内分别绘花鸟与
庭院人物纹饰，开光之间亦填以花卉纹，
盘心为几何纹环绕的波斯文字。整器纹饰
繁复紧密，构图饱满，精致华丽。

148 | 广彩开光波斯文人物花卉纹碗
Canton Enamel Bowl with Persian, Figures and Flowers in Panels

清（1644~1911 年）
高 17.2、口径 39.7、底径 23.3 厘米
中国（海南）南海博物馆藏

　　敞口，深腹下收，圈足，器形硕大。内外壁皆
满绘纹饰，以多个圆形及方形开光表现花鸟及庭院
人物纹饰，佐以几何纹、花卉纹等。外壁上腹部两
组几何纹带之间置两个对称的圆形开光，内书波斯
文字，意为：尊敬的皇上玛素德委托米尔孜丁定做，
伊斯兰日历1297年。

149 | 广彩花卉凤鸟纹壁瓶
Canton Enamel Wall Vase with Pattern of Flowers, Phoenixes and Birds

清·乾隆（1736~1795 年）
通高 45、宽 21 厘米
中国（海南）南海博物馆藏

　　瓶与盖以子母口相扣合。盖有纽，并饰有花卉纹。瓶呈半瓜楞形，撇口，垂腹，半圆形足，圈足微外撇。后壁平坦，有两凹槽用于悬挂。壁瓶上方呈鱼尾状，腹部饰花卉凤鸟纹，下方凸起一人头的形象，口部即为出水口，造型生动巧妙，富有生趣。壁瓶始烧于明万历时期，清代大量生产，乾隆时期品种最多。

150 | 银锤镍錾刻人物龙柄"史溢泉""开利店"铭马克杯

Silver Hammered Mug With Chiseled Figures, Dragon Handle and Inscriptions of *Shi Yi Quan* and *Kai Li Dian*

清（1644~1911 年）
高 19、口径 9.5、底径 11 厘米
广东省博物馆藏

　　直口，腹壁由上至下渐阔，底微凹，一侧焊接龙形杯柄，四足攀附壁上，龙首衔杯。杯周身锤镍錾刻刀马戏曲人物，腹壁上方正中饰盾形徽章，内錾刻"史溢泉""开利店"及"Christmas Day, 1889""Captain Clark"等；底部錾刻瑞典国旗图案，并刻铭"To Lucy Derly with Arthur H Clark's affectionate regards. Thanks and best wishes. Dec. 26, 1889"，"New Year's Day, 1890"等，以及一枚长方形"A LOCK"戳印。杯内壁光素无纹。由铭文可知该杯是 1889 年 12 月 26 日克拉克船长（Capt.Clark）为 Lucy Derly 定制的圣诞礼物。

　　18 世纪末至 19 世纪，广东生产的银器以工艺精湛、价格低廉、品质优异等特点赢得了西方市场。这些银器采用中国传统银器制作工艺，经历了从依样仿制到西式器形、中式纹饰相融合的发展过程。

151 银合金欧洲卡斯家族族徽爬山虎夜莺南瓜壶
Silver Alloy Pumpkin-shaped Pot with Cass Family Emblem and Pattern of Ivy and Nightingales

19~20 世纪
通高 27、通宽 32、口径 7.5 厘米
中国茶叶博物馆藏

　　壶盖与壶身以子母口相扣合。壶盖为瓜蒂状，壶身为南瓜形。采用锤鍱、錾胎等工艺，盖、流、把手、底座皆以爬山虎叶片装饰。把手上立着一只展翅的夜莺，壶盖的纽座也为两只夜莺。壶体中央錾刻一圈爬山虎叶片及藤蔓，叶片有明暗处理的效果，装饰性很强。叶片及藤蔓中间刻有欧洲卡斯家族族徽。自17世纪以来，中国茶叶及陶瓷大量销往欧洲，带动了欧洲的饮茶之风，由中国制造的各种材质的茶具也销往欧洲，银茶具也是其中的品类。

中国是漆器的故乡。18世纪，中国外销到欧洲的家具以漆木家具为主，多采用黑漆描金的装饰手法，西式造型与中式纹样相结合，对欧洲装饰艺术产生了深远影响。

152 | 黑漆描金庭院人物纹雪茄盒
Black Lacquer and Gold Outlined Cigar Box with Pattern of Courtyard and Figures

清（1644~1911 年）
高 11.2、长 22.8、宽 16.5 厘米
中国港口博物馆藏

　　长方形，通体黑漆描金。盒面及盒四周皆饰椭圆形开光，开光内描金绘中式庭院人物，这是清代广州外销漆器的典型图案；开光外绘有各类花卉纹装饰。内盖上绘简易的竹林图案。盒内部还配有两个锡制盒子。

153 黑漆描金庭院人物纹酒具箱
Black Lacquer and Gold Outlined Wine Box with
Pattern of Courtyard and Figures

清（1644~1911 年）
高 24.1、长 31.5、宽 24.5 厘米
中国（海南）南海博物馆藏

　　方形，通体采用黑漆描金工艺，箱盖
及四周皆绘中式庭院人物图案。箱内可放置
大小不同的多个酒杯，箱体两侧亦可打开。

　　东西互鉴体现在雕刻艺术上，使颇具岭南特色的广雕在清代焕发了新的活力，吸收西方客户的审美，形成新颖别致的艺术品。

154 镂雕象牙球摆件
Ivory Hollow Carving Floral Ball Set

19 世纪
通高 46.5 厘米
中国航海博物馆藏

　　此球以镂空、通雕、浮雕等多种手法雕制，由底座和套球两部分组成，自下而上雕刻圆形底座、麻姑献寿题材人物、竹节形柱、腰形管、承球托盘等多节连接。牙球有大小两个，球内套球，逐层镂空，外层镂空雕云龙纹，内层则雕琢精美繁复的纹饰。镂空雕刻是广雕的特色工艺之一，这种"鬼工球"是其中最具有代表性的作品，取"鬼斧神工"之意，制作相当繁复，工艺要求极高。

155 | 山水人物纹象牙盒
Ivory Box Carved with Landscape and Figures

清（1644~1911 年）
高 9.9、长 18.8、宽 10.8 厘米
中国港口博物馆藏

　　盒盖与盒身以子母口相扣合。长方形，下承四足。器物工艺复杂，结合了拼接、榫卯、浮雕、沁彩等复合工艺。盒盖和四个侧面的开光雕刻山水江南、阁楼桥水、泊舟人家等，四个侧面围绕开光减地阳雕缠枝花卉，盒盖则围绕开光减地浮雕四条蟠螭。盒底四足饰蝠状纹，寓意蝠来居泰。此象牙盒精美绝伦，是当时广作及十三行高超工艺之写照。

中国传统的织绣工艺也因外销而受到西方文化的显著影响。以构图饱满、繁而不乱、色彩艳丽、装饰性强见长的广绣，在明清时期吸收了西洋油画的艺术风格，以及明暗透视、光线折射等原理，深合西方人的审美趣味而大受欢迎。

156 | 广绣《珠江风景图》挂镜
Canton Embroidery Hanging Screens with Pattern of the Pearl River Scenery

清·乾隆（1736~1795 年）
每屏纵 134.5、横 52.5 厘米
天津博物馆藏

　　此套挂镜出自当时的广绣御用绣庄"彩元绣庄"，由绣庄主人何竹斋携其麾下精工巧匠合力制成，赠予山东乐陵宋氏家族以作贺寿之用。挂镜内容为当时珠江风景，描绘了广州地区的秀美景色和繁华盛况。

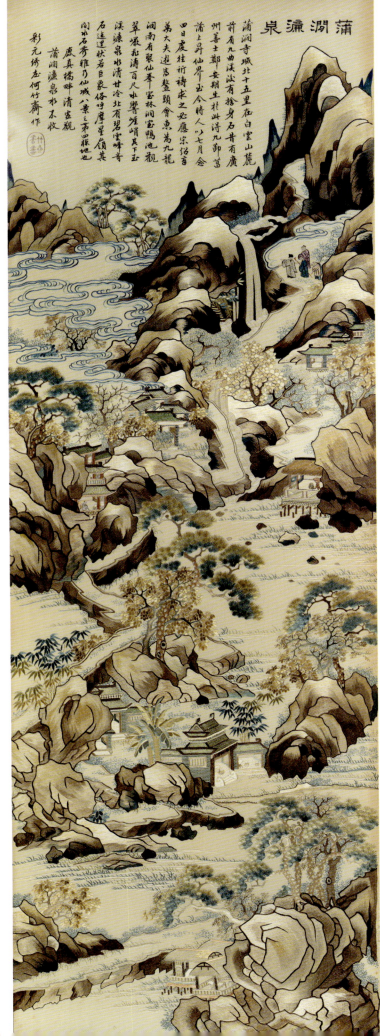

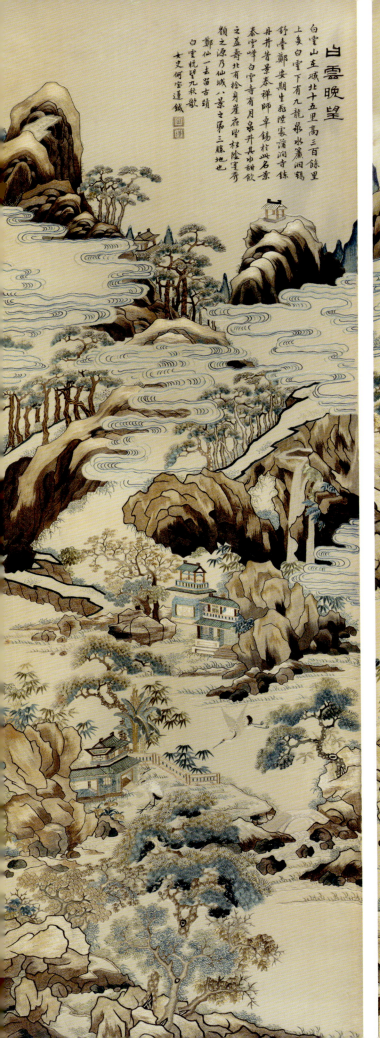

蒲澗濂泉

白雲晚望

西方绘画的技法与思想在"西学东渐"时已随传教士进入中国。18、19世纪，为迎合西方的"中国热"，广州画师以西式绘画颜料与技法绘制中国风情的图画，销售给来华的洋人。外销画有油画、玻璃画、通草水彩画等类别，中西艺术技法与风格的交融是其最大特征。

157 | 官邸生活图通草画
Pith Paper Painting of Official Residence

清（1644~1911 年）
纵 32.8、横 45.2 厘米
广州博物馆藏

通草画是以通草的茎制成画纸，以水彩在其上作画，色彩浓艳，造型生动。此幅画中官员服饰华丽，左侧有一仆人怀抱水烟随时候命，家具、摆件精雕细琢，显示出主人非同一般的身份地位。这类官邸生活场景是外销通草画中的常见题材，不仅直观、形象地展示了清代官宦世家的家庭生活场景，同时也展示了清朝的服饰特点，成为西方人了解神秘东方的重要途径之一。

158 彩绘广州十三行商馆玻璃画
Colored Glass Painting of the Buildings of Canton Thirteen Hongs

19 世纪
纵 42、横 56.5 厘米
中国航海博物馆藏

　　玻璃画是清代外销画中的重要类别，因保存不易，完整留存下来的较为少见。此画以清代广州十三行商馆为主题，画中排列整齐的西式建筑物就是十三行夷馆，圆拱的廊柱及阔大的露台体现出明显的西式建筑风格。商馆前面是珠江，江上游弋着中国渔船、福船、龙舟、帆船及英国东印度公司的蒸汽船等等。在绘画技法上，画家使用了西方绘画概念中的明暗阴影和透视学原理，但整体上还是明显体现出传统中国画的平面感。

THE SEA IS
RIGHT THERE

大海就那在

中国古代
航海文物大展
EXHIBITION OF CHINESE
ANCIENT MARITIME RELICS

专题研究

RESEARCH ARTICLES

辽宁
天津
山东
江苏
上海
浙江
福建
广东
广西
海南

建设海洋强国的文化担当

——在博物馆展现海洋文化

杨志刚　上海博物馆馆长

中国航海博物馆（以下简称"中海博"）筹办"大海就在那：中国古代航海文物大展"，得到了全国 20 多家博物馆的积极响应，这是建设海洋强国的文化担当。我们建设海洋强国，相应的博物馆的文化必须要跟上去，要让我国的公民，尤其是年轻一代，进入博物馆之后，就能感受到海洋文化，从而提高海洋文化的素养。举个例子，我虽然出生在上海，但是直到上中学，都没有见到过大海。我在大学里读书，后来做了老师，听到有外地学生"抱怨"：到上海读书很开心，其中有一个原因是，以为上海就在海边，可以看到大海，然而在校园学习四年，还是没见到大海，大海距离学校和市区还是很远的。在中国传统知识体系里面，海洋距离我们也是相当远，想要改变这种状况是不容易的，需要有文化担当。

中国博物馆对海洋的关注曾经非常不足。以 1997 年拍摄的大型电视文化专题片《中国博物馆——源自 100 个博物馆的往事》为例，该片选取了 100 个博物馆，其中内地博物馆 97 个，台湾、香港、澳门各 1 个。在内地 97 个博物馆中，主题与海洋直接关联的只有泉州海外交通史博物馆，内容背景与海洋发生较多交集的是厦门华侨博物院。此外，在介绍几座位于港口城市的博物馆时，提到了近代的开埠。最近十多年，情况发生了巨大的变化，海洋开始"涌入"文博人的视野，这一方面与国情的变化有关，另一方面与建设海洋强国的导向紧密相连。

2009 年，山东人民出版社出版了一本书，书名是《驶向深蓝——新中国舰船工业腾飞纪实》。2017 年 10 月 29 日，《光明日报》发表题为《中国"智"造，驶向深蓝——青岛海西湾船舶产业与海洋工程影像纪实》的文章，叙述关于远洋作业的事情。驶向深蓝，逐步成为中国的愿景。

作为中海博筹建时的第一位顾问，我深度参与了其筹建和文物征集等工作。中海博是中国首个经国务院批准设立的国家级航海博物馆，由交通运输部和上海市人民政府在上海市共建，比较早地把握到了海洋对于中国、对于上海城市的重要性，体现了一种文化担当。

泉州海外交通史博物馆可能是中国博物馆中最早与海洋发生密切关系的博物馆（图 1），成立于 1959 年，现辟有"泉州古船陈列馆""泉州与古代海外交通史陈列馆""泉州宗教石刻馆""中国舟船世界""泉州海交民俗文化陈列馆"等常设陈列及 1 个预约开放展览——"庄亨岱藏品馆"。在这些展厅中，陈列着不少举世闻名的文物瑰宝，除了一艘迄今国内发现年代最早、体量最大的宋代海船及其大量伴随出土物外，还有数十根木、铁、石古代锚具，数百方宋元伊斯兰教、古基督教、印度教石刻，各个时期的外销陶瓷器，一百六十多艘中国历代各水域的代表性船模，以及数量繁多的反映海外交通民俗文化的器物。虽然目前泉州海交馆情况不容乐观，陈展资金匮乏，但是其馆刊《海交史研究》在业界一直颇负盛名。

另一方面，"航海热"持续升温。2003 年起，江苏太仓市连续举办两届"中国太仓郑和航海节"。2003 年，上海市航海学会倡议创办"上海国际航海节"。2004 年，全国"两会"提出设立"航海节"的建议和提案。2005 年 4 月 25 日，经国务院批准，将每年的 7 月 11 日确立为中国"航海日"，作为国家的重要节日，同时也作为"世界海事日"在中国的实施日期，而2005年7月11日也是郑和下西洋600周年纪念日。2010年7月11日，为庆祝第六个中国航海日，中国邮政发行《中国航海日》纪念邮票一枚。2015年5月，交通运输部正式同意由宁波设立中国航海日论坛（宁波）组委会及其办公室，在每年7月11日组织举办中国航海日论坛。

图 1　泉州海外交通史博物馆

2007年，福建博物院、美国夏威夷毕士博博物馆与浙江省考古研究所联合举办"相遇太平洋：中国海洋文明的发端"特展。3月，该展览在美国夏威夷毕士博博物馆开幕。可惜的是，该展览仅在夏威夷举办，而没有来中国展出。展览分为"中国海洋文明的起源""太平洋沿岸航海"和"海岸文明的辉煌"三部分，展出了近50年来在中国东南沿海地区发现的大量重要文物。这个展览是与全球学术界对南岛语族起源研究紧密联系在一起的。

自从有了中海博，中国博物馆界对海洋文化的研究、展示持续升温，许多项目都是由中海博牵头组织举办的。比如2014年6月26日，中国博物馆协会航海博物馆专业委员会成立大会在中海博举行，来自辽宁、山东、福建、浙江、广东、上海、江苏等地的13家航海类博物馆代表出席了会议。大会审议通过了航海博物馆专业委员会章程，推动博物馆互通声气，协同作业。在上海也举办了几次重要的研讨会。

另外，"人海相依：中国人的海洋世界"国际学术研讨会、"丝路和弦：全球化视野下的中国航海历史与文化"国际学术研讨会，中海博在其中都扮演了重要的角色，发挥了引领的作用。

中海博成立以来，已举办20多场临展。2018年5月，举办"CHINA与世界——海上丝绸之路沉船与贸易瓷器大展"，参展单位达22家，展览有两条主线，一条主线是从唐代到清代的11艘沉船，另一条主线是贸易，尤其是瓷器在贸易中扮演的重要角色。2018年底，举办"风好正扬帆：中国古代航海科技展"，这是博物馆第一次举办以航海科技为主题的展览。2019年，与福州市博物馆合办"器成走天下：'碗礁一号'沉船出水文物大展"。2019年12月，举办"长三角航海非物质文化遗产大展"，长江三角洲地区的25家博物馆参与展出，上海博物馆（以下简称"上博"）精挑细选馆藏非遗藏品，予以积极配合。此次举办的"大海就在那：中国古代航海文物大展"，参展单位25家，共分为"联通大洋""异域奇珍""海史掠影""海贸物语""信仰之舟""东西互鉴"六个单元，从科技、物质、历史、贸易、信仰、文化六个角度展示源远流长、博大精深的中华航海文明。上博特选了三件藏品参展，分别为元青花缠枝牡丹纹梅瓶（图版57）、明宣德青花缠枝花卉纹洗（图版44）与明宣德青花缠枝莲纹花浇（图版45）。

这次能与中海博一起为推广海洋文化做些事情，上博感到非常荣幸。"大海就在那"展览入口处有四座人物雕像：法显"一心求法"、徐福"两度出海"、鉴真"六次东渡"、郑和"七下西洋"，几位人物的提取非常好。东晋高僧法显是第一位到海外取经求法的大师，曾从陆路经过印度，渡海前往师子国（今斯里兰卡）。近年，

图 2　"浮槎于海：法国凯布朗利博物馆藏太平洋艺术珍品展"宣传海报

图 3　"典雅与狂欢：来自雅典卫城博物馆的珍宝"宣传海报

上博在斯里兰卡进行联合考古发掘，获知那里还留存着与法显有关的文物史迹。法显去过的斯里兰卡，是古代"海上丝绸之路"的重要节点。2019年，上博举办"沧海之虹：唐招提寺鉴真文物与东山魁夷隔扇画展"，比较全面地讲述了鉴真东渡的历史故事。鉴真曾六次东渡，那时航海技术比较有限。比如，目的地是日本，海上大风一刮，船就被吹到了海南岛。而到了郑和下西洋的时候，航海技术突飞猛进，对天文、洋流的掌握都到了比较高的水平。

近年来，上博也在积极参与传播海洋文化。2019年，上博与法国凯布朗利博物馆合作举办"浮槎于海：法国凯布朗利博物馆藏太平洋艺术珍品展"，展出太平洋岛民的艺术品（图2）。法国凯布朗利博物馆又名"希拉克博物馆"，从筹建到落成耗费11年时间，该馆收藏了亚、非、美、大洋洲各文明的艺术品，2006年6月正式对外开放。博物馆外观非常独特，藏品特色鲜明。

"太平洋艺术珍品展"展现了南岛语系岛民们的文化。南岛语系是目前世界上唯一一个主要分布在岛屿上的大语系，包括1000～1200种语言，其分布地区东到太平洋东部的复活节岛，西到印度洋的马达加斯加，北到台湾岛，南到新西兰，属于南岛语系语言的人口约有2.7亿人。南岛语系的起源一直深受考古学、人类学和语言学专家的关注。前述"相遇太平洋：中国海洋文明的发端"特展就是中外专家联合研究南岛语族有关课题的延伸。现在考古学专家认为，中国东南沿海的史前先民是一些南岛语族的始祖。南岛语族有几个大的族群，包括波利尼西亚、美拉尼西亚、密克罗尼西亚、印度尼西亚。这其中有几支是从中国台湾，甚至更早时候从中国东南沿海迁徙过去的。从这个角度来看，办这个太平洋艺术珍品展就不仅是展示太平洋岛屿上的艺术，也是对早期人类的迁徙、文化传播与交融的反映。

2019年，上博"熠熠千年——中国货币史中的白银"特展直观地反映了货币史中白银的发展历史，白银在经济生活中的重要作用，以及大航海时代白银如何联接了中国与世界。

2018年，上博与雅典卫城博物馆合作举办了一个展览，这个展览是在希腊总理参观上博之后，在其建议下谈成的（图3）。雅典卫城博物馆的前身是1886年建于卫城山丘上的小型博物馆，新馆位于雅典古城区内，距卫城300米，于2008年竣工，2009年正式对外开放。博物馆直接建于考古遗址之上，大规模使用玻璃铺设地面，使游客得以清楚看到博物馆下面的考古现场，馆内保存着女像柱、帕特农神庙雕塑等世界级艺术名作（图4）。

上博与雅典卫城博物馆各输送两件文物给对方，雅典卫城博物馆的两件文物是科拉雕像和舞乐图瓶画器盖。为配合这两件希腊文物的展示，上博把一楼大堂设置为展厅，并请到中国国家话剧院副院长王晓鹰，帮上博量身定制了沉浸式戏剧《美狄亚》，那是著名的古希腊悲剧。这项中国、希腊之间的文化交流，将东方的农耕文化与西方的海洋文化进行了一次有趣的对照。

2017年，上博举办"大英博物馆百物展：浓缩的世界史"展览，用精选的100

图4　雅典卫城博物馆　　　　　图5　"大英博物馆百物展"　　图6　"大英博物馆百物展：浓缩的世界史"
　　　　　　　　　　　　　　　　　展品"阿拉伯铜手"　　　　　宣传海报

件展品，铺展开人类文明的二百万年，地域横跨五大洲，将世界史呈现在观众面前（图5、6）。

2017年，上博"千年古港——上海青龙镇遗址考古展"，汇集了100余件青龙镇遗址出土的文物精品，分为"东南巨镇""盛世佛光""丝路遗珍"三部分，让我们详细了解曾湮没于地下数百年的青龙古镇（图7）。近年来，青龙镇遗址考古发掘出土了大量瓷器，从唐代越窑、德清窑、长沙窑到宋代义窑、建窑、龙泉窑、景德镇窑、吉州窑等，数量惊人。这些出土瓷器与韩国马岛沉船、日本福冈博多遗址出土的瓷器组合非常相似，有力地证明了青龙镇作为上海"前世"曾是"海上丝绸之路"重要一环，上海自古就有"以港兴市"的历史基因。当时，船只晚上在吴淞江航行的时候，看不清航线，容易出事故，所以人们建了一座佛塔，夜晚就可发挥灯塔的作用。这座佛塔建于北宋天圣年间（1023～1032年），是佛塔也是海上灯塔，明代倒塌。我们对塔基进行了考古挖掘，发现了藏有舍利的地宫，众多佛教文物造型优美，拂去历史烟尘，重新面世。

上博与日本方面曾就佛教文化交流合作办展。近年，上博先后举办"菩提的世界：醍醐寺艺术珍宝展"和"沧海之虹：唐招提寺鉴真文物与东山魁夷隔扇画展"。

综上所述，在中国古代知识体系中，对于海洋的认识十分欠缺，并造成对世界的认识相当偏窄。今日，沿海地区的博物馆有责任担负起更多的传播海洋知识、建构全面正确的"海洋观""世界观"的重任。古代中国属于典型的大河文明，中国古代的官学几乎不涉及海洋的内容。近现代中国的转变，与国门的渐次打开及"向洋看世界"的观念变化相伴随。近年来，中国博物馆更多地关注和反映海洋文化，助力提升国民的海洋意识，参与重塑"中国与世界"关系的认识。人类不是被海洋分割成各个孤岛，而是被海洋联结成命运共同体。人类生存得益于海洋，人类联通离不开海洋，人类发展必须依靠海洋。进入"驶向深蓝"的新时代，我们一定要纠偏中国传统知识体系中对于海洋认识的匮乏，培育和提升国人的海洋意识，这是中国博物馆教育的一项重要工作，也是当代中国博物馆应当肩负的神圣使命。

图7　"千年古港——上海青龙
镇遗址考古展"宣传海报

南溟泛舸

——历史上过往于海南与南海的船只

陈江　海南省博物馆馆长

海南孤悬于南中国之海，北端与雷州半岛隔着琼州海峡；琼西北隔着北部湾与我国两广，及越南等国相望；琼西南则面向浩瀚的南海，遥远处千里长沙、万里石塘，岛国棋布。历史上，海南与周边国家与地区互为彼岸，交往、通商从未间断，或为终点口岸，巨舸辐辏，或是中转补供，千舟竞过，船下浪花演绎着一段又一段的航海故事。

一、卉服泛舟，锡贡织贝

考古学材料显示，海南史前文化与华南的相同，大量贝丘遗址的存在说明早期海南属渔猎民族，而有段石器等出土文物的共同文化特性的普遍存在，也说明了其之间的民族交往与相互影响。从目前的考古发现与民族学材料来看，独木舟或木筏是早期人类主要的水上交通工具。但除了这些，海南还有一种特别的水上交通工具——葫芦腰舟。清《琼郡舆地全图·渡河》[①]（图1）有曰："黎人过水，抱葫芦，水流虽急，不奈他何。亦皆编筏，黎姑之过。"清《琼黎风俗图·涉水图》[②]亦有曰："黎母山头骤飞淙，瓠瓜作楫逐湍泷，情形性习宜泅渡，王政无庸议岁杠。"附注："黎（地）中溪水最多，每遇大流急势难涉，黎人往来山际，辄用绝大壶芦带于身间，至于溪流涨处，则双手抱之浮水而过，虽善泅者不能如其绝捷，亦有于山中取竹，来作一捆，藉其浮势，夹挈而渡者。"其实，葫芦在先秦时期曾是重要的水上工具。

《诗经·匏有苦叶》云："匏有苦叶，济有深涉。"[③]《庄子·逍遥游》："今子有五石之瓠，何不虑以为大樽，而浮于江湖，而忧其瓠落无所容？"[④]《鹖冠子·学问篇》："中河失船，一壶千金，贵贱无常。"[⑤]宋人陆佃有详细解释："壶，瓠也。佩之可济涉，南人谓之腰舟。"[⑥]除了海南黎族，台湾高山族、西双版纳傣族和客家人，均有以葫为济水工具的习惯。

当然，远古时期人类是否使用独木舟、木筏与葫芦腰舟渡海，我们无从而知，但其之间着实存在联系。

夏商周时期，中原已进入阶级社会，但海南尚处于比较原始的社会阶段。据《山海经·海内南经》记载，海南有儋耳、离耳、雕题等古国，皆以其特殊之习俗而名，从一个侧面说明了海南与内地间的密切关系[⑦]。而能说明海南在战国之际曾泛海往来于内地的，则是《尚书》。《尚书·禹

图1　琼郡舆地全图

图 2　岛夷卉服——东南亚帽子

贡》记载："岛夷卉服，厥篚织贝，厥包桔柚，锡贡。"⑧　这里的"岛夷"是指海南岛；"卉服"，则是海南早期的一种棉纺服装，因色彩鲜艳、服饰华丽而名"织贝"，就是海南岛特有的棉纺织品（图2）；"锡贡"，乃命而贡，是古代一种比较固定的朝贡关系。这句话描绘了古代海南人卉服泛舟渡海朝贡的画面。春秋战国时期，中国的舟船有所发展，据《左传》记载，鲁襄公二十四年（公元前549年）"楚子为舟师以伐吴"⑨，舟师有余皇、三翼、突冒、楼船、桥舡等各种战舰。据研究，这些船中较大的可容纳近百人。当然，海南有无此船，我们亦无从得知。

二、本求蓬莱，偏落"亶州"

据《史记·秦始皇本纪》记载，秦始皇为求长生不老之药，特派方士徐福率一支由三千童男童女组成的船队出海前往蓬莱仙岛，可惜徐福却一去不复返。徐福去了哪里？《史记》只说"得平原广泽，止王不来"⑩，没说出具体去向。以致后来对徐福的去向产生了许多说法，中国的有台湾说、澎湖列岛说、海南说，以及日本说、菲律宾说等。其实，第一时间说出徐福下落的，是陈寿的《三国志》。《三国志·孙权传》记载：黄龙二年（230年），孙权"遣将军卫温、诸葛直将甲士万人浮海求夷州与亶州。亶州在海中，长老传言秦始皇遣方士徐福将童男童女数千人入海，求蓬莱神山及仙药，止此洲不还，世相承有数万家，其上人民，时有至会稽货布，会稽东县人海行，亦有遭风流移至亶州者。所在绝远，卒不可得至"⑪。

这里所说的"夷州"，是台湾岛，而"亶州"，却是海南。据《三国志》，孙权在征夷州与亶州时，曾先后咨询过陆逊与全琮，可在《陆逊传》与《全琮传》中，均不叫夷州与亶州，而分别称为"夷州及朱崖"或"珠崖及夷州"。其中，《三国志·陆逊传》载："权欲遣偏师取夷州及朱崖，皆以咨逊"⑫；《三国志·全琮传》载："初，权将围珠崖及夷州，皆先问琮。"⑬当时二人皆反对孙权远征，而孙权未听。当远征失败后，孙权才悔未听劝。众所周知，"珠崖"是汉在海南所设之郡，据此便知"亶州"就是海南。可以说孙权对海南还是情有所钟的。在这次远征失败的八年后，

① 《琼郡舆地全图》，又名《海南岛图说》。海南清嘉庆时期地理学长卷挂轴地图，描述、记载了清代海南岛黎族生活、习俗等情况。其作者已不可考。《琼郡舆地全图》绘制于嘉庆年间的1820年（一说绘于1820~1875年间），规格184厘米×93厘米，比例1：20万，彩色舆图，藏于美国国会图书馆。
② 《琼黎风俗图》，清代中晚期无名氏作品。是一本一尺见方，共15开页，以图、文相配的形式描绘黎族群众建屋、编织、耕种、对歌、嫁娶、渔猎、贸易、涉水、谈判等社会风俗的册页。现存海南省博物馆。
③ 《诗经·邶风·匏有苦叶》，北京：西苑出版社，2016年。
④ 《庄子·内篇·逍遥游》，北京：中华书局，2010年。
⑤ [明]陆佃注：《鹖冠子》，北京：国家图书馆出版社，2012年。
⑥ 同⑤。
⑦ 《山海经》，北京：光明日报出版社，2018年。
⑧ 《尚书》，北京：中华书局，2016年。
⑨ 《左传·襄公·襄公二十四年》，北京：中华书局，2016年。
⑩ 《史记》，北京：中华书局，2016年。
⑪ 《三国志》，北京：中华书局，2009年。
⑫ 同⑪。
⑬ 同⑪。

即赤乌五年（242 年），又"遣将军聂友、校尉陆凯以兵三万讨珠崖、儋耳"（《三国志·孙权传》[14]），再次将海南纳入中央版图。

秦代，中国的造船技术又上一层楼，据广州发现的秦代造船遗址，当时人们已能造出数十吨的船。而不管当时的船有多大，徐福一行数千人，船队应该也是浩浩荡荡的。徐福船队本求蓬岛，却不曾想流到"亶州"，其应是史上第一支抵达海南的大规模船队。

三、百尺楼船，伏波而来

秦末，南海郡尉赵佗趁秦亡之际，封关绝道，兼并岭南的桂林郡、象郡，于汉高祖三年（公元前 204 年）立南越国（南粤国），后在汉高祖十一年（公元前 196 年），归顺汉朝为藩属国。元鼎四年（公元前 113 年），南越丞相吕嘉发动叛乱，杀死南越王赵兴，立术阳侯赵建德为南越王。汉武帝闻讯，即于元鼎五年（公元前 112 年）命卫尉路博德为伏波将军，主爵都尉杨仆为楼船将军，前往平叛，于元鼎六年（公元前 111 年）冬平定了南越国。灭南越后，伏波将军路博德顺势渡海征海南，设儋耳、珠崖两郡。汉代，是中国造船史上的一个发展高峰期，当时的船只有客船、货船和战船。客船与货船中有龙舟、酒舫、舸、艇、轻舟之分；战船中有楼船、斗舰、艨、桥船、戈船、赤马、斥候之别。其中，楼船代表了汉代造船技术的最高水平（图3）。汉刘熙著《释名·释船》有释："船上屋曰庐，象舍也，其上重室曰飞庐，在上故曰飞也，又在其上曰雀室，于中侯望，若鸟雀之惊视也。"[15]《史记·平准书》上有记楼之高："治楼船高十余丈，旗帜加其上，甚壮"[16]，《后汉书·公逊述传》有记楼船之层：汉武帝"又造十层赤楼帛蓝船"[17]。难以想象，当这浩浩荡荡的百尺楼船队伍开过来时，那是怎么样的场面呀！儋耳、珠崖两郡之设，即为海南纳入中央版图之始，又为海南与内地开启正式通海之始，从此海南的航海进入了一个新阶段。据说，当路博德平定南越时，汉武帝正好在外巡视，一听喜讯，即将所在的左邑县（今山西），裂地为二，立"闻喜"县。

⑭《三国志》，北京：中华书局，2009 年。
⑮［汉］刘熙：《释名》，北京：中华书局，2021 年。
⑯《史记》，北京：中华书局，2016 年。
⑰《后汉书》，北京：中华书局，2016 年。
⑱ 海南地方文献丛书编纂委员会汇纂《琼州府志》，海口：海南出版社，2006 年。

图 3　汉代楼船

四、涨海推舟，千帆竞渡

汉代，南海称涨海，其称《琼州府志》释曰："南溟者天池也，地极燠，故曰炎海；水恒溢，故曰涨海。"[18]我们知道，我国的丝绸之路分两个方向，一是自西安通过西域走向世界的"陆上丝绸之路"，一是由东南沿海通过海南与南海通往东南亚与世界各地的"海上丝绸之路"，这两条线路此起彼伏。海南位于"海上丝绸之路"的最前沿，东西方往来船只莫不于此停泊交易与中转补供。而南海则是必经之路。如谢承《后汉书》："交趾七郡贡献皆从涨海出入。"[19] 不过南海上多礁盘，时人不甚谙熟，船行免不了小心翼翼。许多历史文献都记录了当时南海航线之险。如东汉杨孚《异物志》："涨海崎头，水浅而多磁石，徼外人乘大舶，皆以铁锢之，至此关，以磁石不得过。"[20]

"涨海"之称一直沿用到南北朝。南朝宋鲍照《芜城赋》有说："南驰苍梧涨海，北走紫塞雁门。"宋李昉等《太平御览·扶南传》也说："涨海中，到珊瑚洲，洲底有盘石，珊瑚生其上也"[21]；《旧唐书·地理志四》："南海在海丰县南五十里，即涨海，渺漫无际。"[22] 这一时期，海南与环南海周边的国家与地区交往十分密切。

五、海通夷道，深处为家

隋唐时期，南海依旧沿称"涨海"，但同时也起用了"南海""朱崖海"之称。成书于唐代之《梁书·海南诸国列传》记载："干陁国在南海洲上。"[23] 干陁国，今苏门答腊岛。据《新唐书·地理志》记载，当时海上有条"广州通海夷道"[24]，起自广州，出珠江口后折向西南方，经海南岛东北角的七洲洋驰往东南亚，由越南东南越过马来半岛湄公河口，再通过新加坡海峡到苏门答腊岛、爪哇，尔后西出马六甲海峡，横越印度洋抵达斯里兰卡和印度半岛的南端，再从印度洋至波斯湾的奥巴拉港和巴士拉港，最终换乘小船，沿着幼发拉底河一路航行至巴格达，全长1.4万公里。这是首条有历史记载的贯穿中西方的"海上丝绸之路"。其时，通海夷道上过往于南海的帆影点点，连素来行走于"陆上丝绸之路"的波斯商人，也纷纷改换行船而来。据《大唐和尚东征传》记载，鉴真和尚第五次东渡日本飘至海南时，振州别驾冯崇债就特意用取自波斯船队的香料来接待他[25]。通道的开通，使南海深处一下热闹起来，寂静的岛礁时不时有船只泊靠遮风躲雨，久而久之，竟有人家（图4）。1974年3月，中国解放军海军战士在西沙群岛甘泉岛上挖出7件唐宋瓷片，随后当地考古队做了调查与发掘，除了发现大量的唐宋瓷器外，还发现一座砖墙小庙与十三座珊瑚石垒，被考证为唐宋居住遗址。甘泉岛唐宋遗址的发现，既印证了"广州通海夷道"的存在及其线路，也说明了海南渔民对南海的开发，更说明了南海航海先辈对南海航路的开拓。我们知道，航海的路上从未风平浪静，遇风遇雨航海的人总有所祈祷，于是繁忙航海处总有传说。唐代，南海就有这么一位海神，且是一位神奇的女神仙——"南溟夫人"[26]，传世居南海，史上曾救获过许多海上遇难的人，这是唐代著名的传奇故事"元柳遇仙录"。始见于唐代道士杜光庭所著的《墉城集仙录》，后《仇池笔记》《池北偶谈》《广东新语》《侯鲭录》和《太平广记》等均有记载。这是目前我们所见到的最早的有关南海历史人物的传说，较后来的林妈祖、潭门的108兄弟均早，惜今渐为人淡忘。

⑲ 《后汉书》，北京：中华书局，2016年。

⑳ ［东汉］杨孚：《异物志》，广州：广东科技出版社，1970年。

㉑ ［宋］李昉等：《太平御览》套装本，4册，北京：中华书局，2016年。

㉒ 《旧唐书》，北京：中华书局，1975年。

㉓ 《梁书》，北京：中华书局，1973年。

㉔ 《新唐书》，北京：中华书局，1975年。

㉕ ［唐］真人元开：《大唐和尚东征传》，汪向荣校注，北京：中华书局，1979年。

㉖ 南溟夫人：姓名无从考证，道教传说中的女神仙，居住于南海。

六、千里长沙，万里石塘

宋代，随着"海上丝绸之路"的繁荣，南海航路上的岛屿暗礁渐为人们熟知。南宋佚名地方志《琼管志》第一次做了概述："吉阳……东有千里长沙，万里石塘，上下渺茫，千里一色，舟舶往来，飞鸟附其颠颈而不惊。"[27]"吉阳"，宋代的吉阳军，今三亚崖城。"长沙"，指暗礁；"石塘"，为岛屿。"千里长沙，万里石塘"，形容南海之上，一路隐藏暗礁，而岛屿与礁盘星罗棋布其间。这句话在长时间内一直为后人所用，诸如《舆地纪胜》《诸蕃志》《岛夷纪略》《岭外代答》和《海槎余录》等均有引用。

图 4　扬帆出海的福船

宋代，南海岛屿与礁盘侧畔，莫不有沉楫折橹。目前南海水下发现的宋代沉船遗迹与出水文物众多，发掘的沉船主要有阳江"南海一号"与西沙"华光礁一号"。其中，"华光礁一号"南宋沉船，出水瓷器一万多件，并有少量的铁器，船残长 22 米，残宽 8 米，载重约 60 吨。瓷器器形有碗、盏、执壶、罐、盒等，主要出自福建与江西之民间窑口，据研究，其应是销往东南亚的（图 5、6）。日本学者曾根据中国古代海上外销瓷器之盛，将其称为"陶瓷之路"。

"华光礁一号"宋代沉船等资料，为研究宋代商船提供了重要的实物证据。

七、何遂机杼忙，番邦催布急

我们知道，海南的棉纺织品早在三代已闻达，汉代又有"广幅布"深受朝中青睐，唐宋时，海南的黎锦更远近闻名。到元代，黄道婆在海南学艺并把海南先进纺织技术传回松江，使江南机杼大行，遂尔衣被天下的故事，更是家喻户晓。然而，在此背后，当时海南的纺织业及其技术达到什么样的程度，却鲜有人探索。

[27] 南宋时期刊行，作者不详。本书已佚，清《道光广东通志》中存有书目和义太初所写的序。

图 5　"华光礁一号"沉船水下堆积

图 6　"华光礁一号"沉船第一层船板

有元一代虽短，但却非常重视海外贸易。元代在海南设有海北海南博易提举司专司对外贸易，海南对外贸易到了一个历史发展期，正巧与海南纺织的高度发展同步，于是海南的纺织被及时地推向了海外。

汪大渊是元代的一个游历家，曾两度出游东南亚等地，回来后写了一本游记《岛夷志略》[28]，在游记中将所到之地的物产、民风、民俗等尽数记录下来。其中，还特别列出各地的"贸易之货"。此条目下，与海南有货物贸易的地方有十余处。如"遐来勿"（今印度尼西亚）："贸易之货，用海南占城布、铁线、铜鼎、红绢、五色布、木梳、篦子、青器、粗碗之属"；又如"苏罗鬲"（今马来西亚）："贸易之货用青白花器、海南巫仑布、银、铁、水埕、小罐、铜鼎之属"；"都督岸"（今加里曼丹岛）："贸易之货，用海南占城布、红绿绢、盐、铁、铜鼎、色缎之属"；"蒲奔"（今印度尼西亚）："贸易之货，用青瓷器、粗碗、海南布、铁线、大小埕瓮之属"；还有"苏门傍"（今泰国曼谷附近）："贸易之货，用白糖、巫仑布、紬绢衣、花色宣绢、涂油、大小水埕之属"；"麻逸"（今菲律宾民都洛岛）："贸易之货用鼎、铁块、五彩红布、红绢、牙锭之属"；"文老古"（今印度尼西亚马鲁古群岛）："贸易之货，用银、铁、水绫、丝布、巫仑八节那涧布、土印布、象齿、烧珠、青瓷器、埕器之属。"这里面有"海南布""海南占城布""海南巫仑布"及"巫仑八节那涧布"。

以往我们在讲述古代海南纺织的发达及黄道婆传播海南纺织技术时，总说不出其所以然来，今从元代海南纺织在东南亚流行之盛，即可看出其时海南纺织品之精与美。同样，以往人们研究南海在"海上丝绸之路"的地位时，习惯将其定位为中转站或补供地，而忽视了其一直活跃在最前沿，并曾为始点与终点。

八、一图一簿，漂洋过海

入明，朱元璋非常重视海南的发展，特设海南卫，并派得力干将任指挥，使海南的社会取得长足的发展，被誉为"南溟奇甸"。之后，随着国力发展，尤其是造船技术的发达，大明王朝特意遣使郑和下西洋以宣国威。郑和先后七下西洋，每次均经琼州府出南海而去。其六下西洋后，为做好七下西洋的准备，特别绘制了《自宝船厂开船从龙江关出水直抵外国诸番图》，将历次下西洋之航线航程整理绘制成全图。图以南京龙江宝船厂为起点，一直绘至终点——非洲东岸的慢八撒（今肯尼亚蒙巴萨）。图中不仅标明了航线所经亚非各国的方位，还标注了航道远近、深度，以及航行的方向牵星高度，并对航路中的各处礁石或浅滩，都一一注明，更甚者还列举了往返之不同线路，为中国最早的世界航海图。后被茅元仪收入《武备志》。可惜，《自宝船厂开船从龙江关出水直抵外国诸番图》随后却在世间默默无闻了二百多年，直至 1885 年，英国学者乔治·菲利浦 (George Philips) 在《印度和锡兰的海港》中引用，才被世人所关注。

按《自宝船厂开船从龙江关出水直抵外国诸番图》所绘，宝船出厂后皆集中至

[28] ［元］汪大渊著，苏继庼校：《岛夷志略》，北京：中华书局，2009 年。

图 7　海南《更路簿》

龙江关，而后从那启程，沿着长江东航至太仓卫。在太仓，船队又稍做集结，后驰出海口，出海口后，顺着东南沿海驰往南海，到琼州府后，或往东经南海之七洲进入南海；或往西经钦州、交洋，进入东南亚各国，而后便一直向欧非驰去。

《自宝船厂开船从龙江关出水直抵外国诸番图》珍贵之处，是其上标有 109 条针路航线，具体如："从苏门答剌开船，用干戌针，十二更，船平龙涎屿"；"官屿溜用庚酉针，一百五十更，船收木骨都束"。所记针路，无论是内容还是体例，都与海南渔民所用的《更路簿》如出一辙（图 7）。先看《自宝船厂开船从龙江关出水直抵外国诸番图》的太仓至吴淞江条："太仓港口开船，用丹乙针，一更，平吴淞江。"[29]再看《更路簿》中的一条："双帆（西沙高尖石）去干豆（西沙北礁），用乾巽，十二更。"[30]"丹乙"与"乾巽"，皆为罗盘刻盘上的方向，"一更"与"十二更"均为里程。"更"，历来是国人计时与计里单位，一更通常为六十里，只不过海南渔民《更路簿》中的一更，一般为十或二十里。那么，是《更路簿》继承了《自宝船厂开船从龙江关出水直抵外国诸番图》的针路？抑或是《自宝船厂开船从龙江关出水直抵外国诸番图》采纳了海南渔民《更路簿》的更路？显而易见，郑和七下西洋，海南是必经必停之地，而要出南海，海南船家更不可少。所以海南船家是郑和七下西洋的参与者，自然也从中熟知了针路，因他们一直都是在南海作业，针路适用，故一直保留至今，乃成为现今海南船家所独存的"天书"。

无论如何，一张《自宝船厂开船从龙江关出水直抵外国诸番图》，让郑和船队顺利漂洋过海驰往世界一端；而一册《更路簿》，海南船家则自如往返于南海各礁盘与岛屿间。

一图一簿，描绘了中国航海家开辟的航线，书写了南海船家的航迹！

九、日出南海，日夕北部湾

清代，虽曾经一度实行海禁与洋禁，外贸却依然继续。康熙年间，清政府废除市舶司制度，设立江、浙、闽、粤四海关。海口自第二次鸦片战争后，便作为对外通商口岸向英、俄、法、美以及欧洲各国开放。为此，清廷于光绪年间设立琼州海关，简称琼海关，为粤海关之下的七个总口之一（图 8）。琼海关的设立，使海内外商船更出入海南与南海。当时的海关分为正税之口、稽查之口及挂号之口，以正税之口权力为大。其中整个广东正税之口有 31 个，琼州府有 10 个，这"琼州十口"分别为海口总口、铺前口、清澜口、沙荖口、乐会口、万州口、儋州口、北黎口、陵水口、崖州口。海南正口之多，说明了其海上贸易之重。据清《宣统乐会县志·洋务略》记载：乐会口的博鳌"进口之货，由南洋、香港、澳门等处进者水油"，"出口之货，有槟榔、椰子、红藤、黄藤、蜂糖、枋板、生猪等物为大宗。其余有黄蜡、牛油、牛筋、牛皮、牛角、藿香、艾粉、冬叶、芝麻、益智、草仁、咸蛋、骨砖等物"[31]。当年的博鳌，就是实实在在的海南一大贸易口岸。

当琼东海岸各关口一片繁荣之际，位于琼西的渔港渔村也处于忙碌之中。海上

㉙ 转引自陈佳荣、朱剑秋《中国历代海路针经（上）》，广州：广东科技出版社，2016 年。
㉚ 同注㉙。
㉛ 海南地方文献丛书编纂委员会汇纂《宣统乐会县志·洋务略》，海口：海南出版社，2006 年。

图 8　琼海关工作人员楼（1926 年）

图 9　临高调楼镇手工造船厂

图 10　已初步成型的手工造木船

图 11　工匠手工制造大木船

贸易的繁荣，促进了海南造船业的发展。其中，临高是海南的造船之乡，临高传统的造船工艺为广船制造传统手工技艺，始自宋代，已有八百多年历史。临高造船工艺一切依广船古法制造为主，分为选木、立龙骨、搭骨架、装船板、建驾驶楼、打灰、安装机器、下水测试。而最关键之处是，其造船时从不用图纸，而是全凭传承人脑中所记。所造之船有拖网船、放网船、灯光船、运输船等多种，载重从六十到一百二十吨不等，远销全岛（图 9~11）。

『大海就在那：中国古代航海文物大展』策展经纬

蔡亭亭　中国航海博物馆馆员
陆　伟　中国航海博物馆副馆长

"大海就在那：中国古代航海文物大展"（下文简称"大海就在那"）是中国航海博物馆（以下简称"中海博"）于 2020 年底推出的原创临时展览（图 1）。展览联合中国沿海的辽宁、天津、山东、江苏、上海、浙江、福建、广东、广西、海南共 10 省（区、市），荟萃 25 家文博单位的 160 余件 / 套航海精品文物，诠释源远流长、博大精深的中国古代航海历史与文化。其覆盖面在国内航海主题展览中首屈一指，堪称难得一见的航海文物盛宴。

2020 年也正值中海博成立十周年。作为一家年轻的专题类行业博物馆，筹办这样一次联合多方的大型原创展览殊为不易。为何要筹办本次展览，展览与以往同主题展览相比有何特色，策展团队又是如何发掘并联合各地航海类文物资源，是本文试图阐释的问题。

一、展览初衷

（一）讲好中国航海故事，传播中国航海声音

古代中国拥有辉煌灿烂的航海科技和航海文明，但长期以来，中国古代航海的成就与现实意义并没有得到足够的关注与重视。中海博自建成开放以来，始终以传播航海文化、弘扬华夏文明为宗旨，此次以"中国古代航海"为主题举办"大海就在那"展览，其初衷正是向观众全面展示中国古代航海，回顾通过航海进行对外交流与互学互鉴的历史，品读源远流长、博大精深的中华航海文化。这对增强社会公众对中国古代航海成就的价值认同、提升文化自信、推动我国海洋强国建设不断取得新成就，都具有重要的文化价值和社会意义。

图 1　"大海就在那：中国古代航海文物大展"海报

图2 "风好正扬帆：中国古代航海科技展"海报

（二）在传统航海主题展览中寻求突破

近年来，随着我国水下考古事业的发展、"海上丝绸之路"研究的深入以及"海洋强国"等国家战略的提出，航海与"海上丝绸之路"成为文博行业关注与研究的热点，航海相关主题展览也层出不穷。这其中，有力图呈现"海丝"全貌的通史类展览，有围绕某一时期"海丝"发展变迁而展开的断代史类展览，更多的则是从特定器物或地域角度反映"海丝"商贸文化交流的专题类展览。纵观国内已举办的各类航海相关展览，其数量众多、主题与内容丰富、涵盖范围广阔、形式灵活多样，但也面临着主题多聚焦于某一热点或某一地域、内容多围绕"海丝"商贸、展品类型偏向单一、展览欠缺特色等诸多瓶颈或困境。

展览是一座博物馆最具核心竞争力的公共文化产品，势必要肩负起博物馆特色化和多样性发展的使命。2020年，中海博制定了以"中国古代航海"为主题举办大型原创展览的计划，即"大海就在那：中国古代航海文物大展"。这种通史类航海主题展览，此前国内博物馆已经举办过数次，如"丝路帆远——海上丝绸之路文物精品七省联展""跨越海洋——中国海上丝绸之路九城市文化遗产精品联展"等等。再度策划实施此类展览，内容创新和组织实施的难度非同一般。珠玉在前，中海博何以牵头再度举办通史类航海主题展，又如何在众多同主题展览中寻求突破，彰显自身的优势和特色？

首先，此前中海博已举办过如"风好正扬帆：中国古代航海科技展""器成走天下：'碗礁一号'沉船出水文物大展"等多个航海专题展览（图2），取得了良好的社会反响，也在内容策划、形式设计、联合办展等方面为举办宏观讲述中国古代航海史的大型展览打下了坚实的根基。

再者，"航海"在以往的展览中大多是作为"海丝"的佐料、配角或背景出现的。但实际上，航海是一个相当宏观而广阔的概念，其所蕴含的物质与文化内容也不局限于"海上丝绸之路"的范畴。中海博作为"航海"专题博物馆，在相关的研究与积累上应占有优势。在"大海就在那"展览中，我们尝试跳脱传统的"海丝"概念与常见的商贸、沉船等主题，直接以"航海"这一宏观概念为核心，内容涉及历史、科技、艺术、文化等多个方面，多角度、立体化、系统性地诠释中国古代航海，扩展航海概念的边界。

最后，国内航海相关的文物散布各地，汇聚一堂的机会寥寥。遴选各地的航海文物，以严密的策展逻辑建构展览内容，钩沉古代航海历史与文明，这是难题，也是壮举。本次展览力图打破地域壁垒，联合中国沿海10省（区、市）的文博单位共同办展，以各地特色的航海文物讲述中国航海故事，跨度空前。在文化氛围浓厚、港城历史悠久的上海举办这样一次齐聚全国航海珍品文物的大展，是十分难得且意义重大的。

二、策展实践

如前文所述，各地的航海文物资源数量庞大，种类繁杂，很多文物在以往的航海主题展览中已经亮相多次。那么我们要如何将同样一批展品通过不同的故事线加以呈现？怎样用各地各具特色的文物诠释中国航海的丰富内涵？能否在国内浩瀚的文物资源中发掘出此前展览中未曾关注的遗珠？这些都是我们本次展览的难点和探索方向。

基于以上目标，策展团队在策展过程中深度介入展览主题的确定、内容框架的建构和展品的遴选。内容上，"大海就在那"虽是通史类展览，但并不按照历史脉络平铺直叙，而是尝试以国内航海类展览中较少见的专题形式，将展览分为"联通大洋""异域奇珍""海史掠影""海贸物语""信仰之舟""东西互鉴"六个单元，分别从航海科技、异域来物、人物事件、海外贸易、宗教信俗、文化互鉴等不同角度讲述中国古代航海故事，各单元专题相对独立又彼此衔接，逐层递进。

展品遴选方面，在全面梳理全国各地航海文物收藏概况的基础上，策展团队奔赴多地文博单位，就展品的择取开展了广泛而深入的调研。根据展览内容框架，我们对不同地域、不同时期的航海文物进行梳理和整合，深入挖掘文物背后的故事与内涵，择取符合展览主题的文物，穿插到展览文本的逻辑当中，服务于内容与主旨。除了文物与展览的关联性，还综合考虑了文物的代表性、多样性、故事性、观赏性等要素。经反复讨论、多番遴选，160余件/套展品最终于展览中呈现，类型涵盖瓷器、丝绸、雕塑、书画、漆器、木器、石器、青铜器、金银器、船模、拓片等，时代自新石器时代直至明清。

作为中华文明发源地之一，辽宁是东北地区唯一的沿海省份，辽海大地的人们自古以来就为中国航海文化书写了灿烂的篇章，留下了丰富的航海遗迹与遗物。小珠山贝丘遗址反映出辽海地区早期海洋文明的面貌，遗址中出土的有段石锛是体现新石器时代造船技术的有力物证（图版4）；旅顺博物馆所藏的元代白釉褐花针碗是一种应用于航海中的水浮法指南针，是反映中国古代航海科技的重要文物，近年来逐渐受到业内关注（图版 16）；发现于渤海海域的三道岗沉船地处北方"海上丝绸之路"交通要道，船上出水的磁州窑白釉褐彩大罐（图版 84）是辽海地区通过航海进行对外商贸交流的实证。

众多体现中外通过航海开展交流互鉴的文物也是辽宁各文博单位的馆藏特色。这些文物多为清宫遗存，也有部分为出土物或民间传世品。如明朝末年册封海外琉球国的官方文件《崇祯帝册封琉球国王敕谕》（图版 49），来华传教士利玛窦所做的世界地图《两仪玄览图》等，罕见于以往的航海相关展览中，实际都是大航海时代中外交往、互学互鉴的重要见证。

地处渤海之滨的天津，因港而建，由港而兴，是"海上丝绸之路"的重要节点，其城市文化也受到航海文化的深刻影响。策展团队在天津博物馆精心遴选了三件航海相关展品，其中最具天津地方特色的当属清《皇会图》（图版 122）。妈祖信仰传入天津后，在当地形成了庆祝妈祖诞辰的活动"皇会"，并留下了众多相关的文化遗产。《皇会图》就是反映天津皇会活动的画作，深具天津地方文化趣味，是研究航海相关信仰与民俗的重要实物。

山东半岛北依渤海，东、南临黄海，与朝鲜半岛隔海相望，是"海上丝绸之路"北方航线的起点。随着航渡工具的发展与航海科技的提高，山东半岛的航海活动越发频繁，成为较早通过海路与异域开展文明交流的地区。在烟台市博物馆，我们发现了蓬莱海域出水的多件早期陶质生活用具，器身多附着大面积海洋微生物，是蓬莱先民进行航海活动的重要遗物（图版 6~8）。

江苏省地处中国大陆东部沿海中部与长江、淮河下游，地理位置优越，航海历史悠久。跨长江而踞的六朝古都南京，虽然不直接临海，却凭借通江达海的地理位置，自古以来就与航海结下了不解之缘，更是明代郑和下西洋的根据地与大本营。发现于南京祖堂山南麓洪保墓的洪保"寿藏铭"，记载了郑和副使洪保参与的下西洋活动及所到达的地区，有着重要的历史价值与研究意义（图版 42）。此前展览中多展出此碑拓片，原碑展出较为难得。

在南京北宋长干寺地宫中出土了众多精美的佛教供器，反映出千年前通过"海上丝绸之路"发生的文明碰撞，以及印度佛教在中国落地生根的过程。本次展览精选了长干寺地宫出土的两件香具，做工精致，造型精美，极具艺术性与观赏性（图版 108、109）。

扬州濒临长江、面向大海，更随着大运河的贯通，从唐代开始一跃成为南北物资集散地和国际贸易中心，与大食、波斯、东南亚等国家和地区进行海外贸易与外交往来。本次展览中精选多件扬州出土的唐代器物，既有体现港口文化与中西方商贸往来的舶来品和外销瓷器（图版 27、52），也有反映海外交往与人口流动的马来人陶范（图版 37）。作为港口城市的扬州经久不衰，成为开放多元的文化熔炉，出土的大量宗教石刻勾勒出外来宗教通过海路传入传播的脉络（图版 114、117）。

上海傍水而生、因海而兴，其城市发展与航海带来的全球化历史密不可分，留存的航海文物也为数不少。本次展览中，我们遴选的本馆藏品以各式船模、沉船出水瓷器以及反映古代航海科技的木桨、罗盘、铁锚等为主，这也是我馆馆藏的特色。来自上海博物馆的三件青花瓷重器亦于展览中亮相。其中明宣德年间的两件青花瓷采用了郑和下西洋带回的苏麻离青，其器形也是从海外传入（图版 44、45）。

浙江位于中国大陆海岸线的中段，兼得江河湖海之利。作为东亚海域的商贸中心，港城宁波（古明州）持续辉煌，更一度呈现出"城外千帆海舶风""商舶往来，物货丰衍"的繁荣景象。而杭州作为陆海丝绸之路上的重要节点，也在航海活动与对外交往中扮演重要角色。

刻画有羽人与船纹的青铜器，遗留下战国秦汉时期越人开展航海活动的蛛丝马迹；质如碧玉的越窑青瓷，明清时期的漆器、象牙器、茶叶、茶具、扇子等外销商品，反映出唐代以来中国商品通过海路畅销国外的辉煌历史；宁波海域发现的"小白礁一号"沉船，则通过出水的青花瓷器和测深铅锤（图版 19、93~97），成为清代海外贸易开展状况与航海科技发展水平的实证。

尤为重要的是中国港口博物馆藏南宋执罗盘陶俑（图版 17），研究认为，此俑证明早在南宋我国已经有了旱罗盘，是反映古代航海科技的重要实物例证，故成为展览第一单元"联通大洋"中的重点展品。

《山海经》有云："闽在海中，其西北有山。"福建因其背山面海的地理环境，几千年来始终与航海密不可分，福州、泉州、漳州等皆是福建沿海重要的港口城市。策展团队从福建多地文博单位遴选展品，远及新石器时代（图版 1~3），跨晋唐、越宋元，近至明清，几乎涵盖中国古代航海史中的各个关键阶段，以全面、立体地展现福建厚重的航海历史印记与文化积淀。

唐至明清时期，福建同海外的商贸与文化往来尤为频繁。福建茶叶、茶具，福州丝绸，以及建窑、德化窑、漳州窑等本地窑口生产的瓷器皆随商船行销海外，成为商品交换与文化交流的载体。其中，漳州窑五彩龙纹罗盘航海图瓷盘既是重要的外销产品，又绘有罗盘、帆船等海洋文化元素，极具特色（图版 61）。

平潭海域是目前福建乃至全国水下文化遗址分布最为密集的地区，元代大练岛沉船、清代"碗礁一号"等古代沉船在这里重见天日，沉船出水的各类文物是研究论证当时海外贸易航线、港口与商贸交流的重要实物证据（图版 85、86、90~92）。

作为东南地区的海上门户，沿海路来华的各门宗教在泉州碰撞交融，泉州因此有"世界宗教博物馆"之称，至今仍保留佛教、基督教、印度教、伊斯兰教的丰富遗迹遗物。其中，泉州皇冠山南朝墓出土的佛教纹饰墓砖反映出佛教进入中国东南沿海早期的发展传播状况，具有重要的研究价值（图版 105~107）。

广东地处中国大陆的南方，濒临南海，自秦汉以来，扬帆通海两千年，始终是沟通中外的重要窗口，见证了"海上丝绸之路"的发展与辉煌。

广州（古番禺）是古代"海上丝绸之路"的重要起点，南越国与两汉出土的众多海外舶来品，见证了当时以广州为中心的海上贸易盛况；在广东海域发现了多个历史时期的古代沉船，其中"南海一号"及其船载文物是古代"海上丝绸之路"的重要实物印证，其发掘出水也是中国水下考古事业的里程碑（图版78）；到清代，"一口通商"使得广州在对外贸易中得天独厚，广彩瓷器、银器、漆器、通草画等广州十三行外销艺术品在海外市场争奇斗艳。

广西合浦是两汉时期中国"海上丝绸之路"的始发港之一，也是古代中国同东南亚等海外地区往来和贸易的桥梁，海外的玻璃制品及水晶、玛瑙、琥珀等各类宝石纷纷通过合浦进入中国。历经千年，曾经的古港早已湮没，但以合浦为中心的广西北部湾地区出土了大量两汉时期的珠玑琳琅，是当时中国与海外文化交流的实物证据（图版31~34）。

作为"海上丝绸之路"南海航路的交通枢纽，海南凭借独特的地理位置，成为扼东西方海上交通要道及中外商船往来的重要中继站，留下无数独具特色的南海遗珍。保存至今的《更流簿》，是南海渔民们总结出的适用于南海海区的航路指南，已成为重要的南海非物质文化遗产（图版23）；陵水县出土的伊斯兰教徒墓碑，以海南海边特有的珊瑚石制成，呈现出有别于泉州等地所出土伊斯兰石刻的海南特色（图版110）。

此外，本次展览在海南择取的元青花花卉纹八棱执壶（图版56）、明铜火铳（图版47）、清石雕像、清"华光礁一号"沉船文物（图版79~83）等皆出土于南海的广阔水域中，涉及航海贸易、军事、信仰等多个方面。出水于西沙群岛"珊瑚岛一号"沉船遗址的清代石雕男子像（图版123）、石雕女子像（图版124），是福建闽南地区生产后，在运往东南亚的途中沉没水下的。目前推测这些石雕像可能与东南沿海的海神信仰有关，有待学界更深入的研究。

百川汇海，大展终成。博物馆加强在展览领域的合作，既可以最大化拓展博物馆展览的展示空间和内涵，也是博物馆获得自身发展的有效途径。"大海就在那"展览集聚中国沿海各地的航海文物资源，文物维度广、类别丰富、精品众多、特色鲜明，并以物叙事、由物及人、以物讲文化，不仅宏观反映中国古代航海，也涉及历史切片的方方面面，为辉煌灿烂的中国古代航海做出了生动注脚。

盛筵难再，展览终有结束的一天，但展览举办过程中的收获必将成为我们继续前行的珍贵食粮。中国航海博物馆将继续奋发进取，推出航海精品展览，不断为观众呈现更多航海文化盛宴。

古代航海与中国贸易瓷

陆明华 上海博物馆研究馆员

中国是世界文明发达最早的国家之一，又是瓷器的发明国和盛产地。公元 11 世纪以前，国外甚至没有瓷器生产，17 世纪以后，欧洲和日本才开始烧造瓷器。千百年来，中国瓷器一直受到外部世界的欢迎，无数产品通过海洋和陆路运输远销亚洲、非洲和欧洲，并逐渐遍及全世界，这中间，海洋运输是最主要的。当然，在科学极不发达的古代，海洋运输十分危险，从唐代到清代一千多年的中外海洋贸易过程中，发生过无数次海难事故，不仅有难以计数的船员葬身大海，大量的物品也沉没于海底，其中最多的是丝绸、茶叶和瓷器。许多传统风物难以在海底保存，随着时间的推移，多与木质船体一起腐烂消失了。唯有经过高温窑火烧造的陶瓷器等不易损毁的物品深埋于海底，尽管经过历史变迁，海洋深处暗流涌动，物体移位或破碎，但物质不灭，永久存在。20 世纪 70 年代以来，随着国内外水下考古工作的开展和国外打捞业的兴起，大量留存海底的器物一次次地被打捞出水，成为新的历史见证。本文拟以四十多年来国内外水下考古和私人打捞的几次重要成果为导引线索，对国内外海域打捞或出水的重要中国古代瓷器及航海贸易的相关情况进行叙述。

四十多年前，中国瓷器在沉船中被打捞的信息多见诸国外的报道，国内的发现虽也有不少发表于刊物，但多属沿海地区的中小型船只，打捞或出水的陶瓷器较少且缺乏精品，因此知之者不多，影响也不大。如 1973 年在福建泉州湾后渚港发现了宋代的沉船，船上有许多青釉、白釉、黑釉等陶瓷器和其他物品 [1]。当然在一些地区有出土贸易瓷的情况出现，特别是在海岛上，如西沙群岛的不少岛屿均出土了许多中国外销瓷器标本 [2]。以上海本土为例，西部地区除了前些年已进行考古发掘的青浦青龙镇发现大量唐代到元代的瓷器及其他文物，足以证明这里是一个海内外贸易交通的集散地外，还有不少零星发现。东部地区沿海的奉贤四团地区，曾发现过装有不少宋代青釉瓷器的沉船船体，上海博物馆曾组织进行考古发掘。不过船体较小，不属于大型出海航船，装载的瓷器是内销产品还是准备驳运至海船外销的贸易瓷有待进一步研究。浦东原属南汇的部分地区也有发现，当地三灶乡曾出土过精美的元代龙泉窑青釉大罐，在此附近的大团镇也曾出土过属于明末崇祯时期的景德镇青花瓷罐，现两件器物均收藏于上海博物馆。类似的龙泉窑青釉大罐在日本、韩国及东南亚等国家均有出水或出土。青花罐从风格上看，应是明晚期的贸易瓷。三灶、大团、四团及其他一些当地地名的出现，与明清时期的东海之滨盐场编制有关，明代以前这里都是海滩，后逐渐成陆地。

国外的发现和打捞在 20 世纪 70 年代中期以后陆续兴起了高潮。

从第一次大量打捞起运载大量中国瓷器的韩国新安海底沉船开始，水下考古活动逐渐出现，而非考古发掘的打捞活动也频频开展。这些水下作业活动，对国际文物考古界开展古代航海事业和贸易瓷的研究与探索产生了重要的影响，也使沉船瓷器等文物的打捞成为一项新兴的、发展前景看好的行业。

中国的沉船考古事业起步相对较晚，但还是取得了良好的开端和进展，现在也正逐步走向完善，并取得了丰硕的成果。陶瓷器是出水文物中的主体，多年来的几次重要打捞和发掘，受到了世人的瞩目。

回顾四十多年来的国内外重要打捞活动和发现情况，可以进一步了解古代的航海史实与中外经济文化交流的历史轨迹。

这里先例举几次国内外重要的沉船发现及出水出土瓷器：

1. 韩国新安海底沉船

1975 年，韩国全罗南道新安郡附近水域发现了一艘载有大量遗物的中国沉船，船上的装载物绝大多数是陶瓷器，经过 1976 年及以后数年的连续打捞，共出水瓷器一万一千多件。可以说，这是 20 世纪国家层面开展的最重大的水下陶瓷打捞活动之一。经过长时间的研究整理，已大致搞清其面貌，打捞的瓷器大量为完整器，有景德镇青白瓷、景德镇卵白釉瓷、龙泉青瓷，还有吉州窑、磁州窑、赣州窑、金华铁店窑等窑的产品。另外，还有少量高丽青瓷产品[③]。据考证，沉船时间不晚于元代中期，此船可能经朝鲜去日本，遇到风浪而不幸沉没。同时打捞出水的木质铭牌显示的时间是"至治三年"（1323 年），推测是这一时间段或更晚些时间的产品。

这一大批瓷器的出水，使当时世界范围内的中国瓷器研究专家和学者大开眼界，推动了元代瓷器的研究取得新的重要进展。

除了许多常见的名窑瓷器外，还有不少过去我们不了解也没有掌握的瓷器产品。如江西赣州窑的物品大多数人不清楚其窑属，而金华铁店窑的产品更无人知晓，人们称其为钧窑风格产品。直到 1981 年，金华铁店村发现了窑址，才真相大白。

要知道，在尚未大规模对外开放的 20 世纪 70 年代到 80 年代初，我们对外部世界的所见所闻有限，而国内几乎没有专门研究元代瓷器的专家，之后随着考古材料的逐步公布，大家开始了解这批器物，笔者于 20 世纪 90 年代中期访问韩国国立博物馆时，只见到少数物品，绝大多数打捞瓷器保存在离首尔很远的全罗南道木浦地区。后来两次访韩，尤其是在出水瓷器的研究机构——韩国海洋文化财研究院等机构进行深层次的探访和考察后，使我对这一大批打捞瓷器有了深刻的认识。

2. "哈彻号"沉船

20 世纪 70 年代，英国人哈彻（Michael Hatcher）在南中国海发现了一艘沉没于三百多年前的沉船。为此，他做了很多准备工作，并在 1983 年完成对沉船遗物的打捞。打捞位置距印度尼西亚槟坦岛（Bintan）12 海里。船上装载的瓷器达两万五千多件，绝大多数是景德镇产品。从出水瓷器中两件"癸未"（1643 年）款识青花瓷瓶和诸多文物综合推测，产品烧造时间可能在 1643~1646 年（明崇祯十六年至清顺治三年）。这一阶段正是战乱频仍、兵荒马乱、景德镇官窑停烧的时期，而这批瓷器证明了当时的景德镇民窑在战争夹缝中生存的实际情况。

"哈彻号"沉船瓷器的发现和打捞，对全世界尤其是欧美产生了很大的轰动效应，其中的许多瓷器品种，特别是一些青花瓶和罐的形制，在中国国内较难看到，而在西方世界却不时能见到。此沉船瓷器的打捞，不是简单的一批中国瓷器出水，其拥有较高的学术价值。从 1983 年 12 月起至 1985 年，这些瓷器在阿姆斯特丹进行了多次拍卖。当时，中国几名古陶瓷专家参加拍卖会，由于经费等原因，未能买回想要的"哈彻号"沉船瓷器，只买了几件属于另一艘清代乾隆年间的"哥德马尔森号"

① 泉州湾宋代海船发掘报告编写组：《泉州湾宋代海船发掘简报》，《文物》1975 年第 10 期。
② 广东省博物馆：《广东省西沙群岛文物调查简报》，《文物》1974 年第 10 期；广东省博物馆、广东省海南行政区文化局：《广东省西沙群岛第二次文物调查简报》，《文物》1976 年第 9 期。
③ 韩国文化公报部文化财管理局《新安海底遗物·资料篇 I 》，同和出版公社，1984 年。

沉船的器物带回中国。

在此之前，国外对明末清初景德镇瓷器的认识停留在初级阶段，国内更是处于朦胧状态。"哈彻号"沉船瓷器出现在欧洲市场时，许多人还没有引起足够的重视，很多瓷器被划归清代康熙和雍正时期产品。

此后，通过对"哈彻号"沉船和其他打捞瓷器以及早年流入欧美的同时期产品进行研究，人们对 17 世纪景德镇瓷器的认识有了很大的提高。研究表明，无论从"哈彻号"沉船瓷器的风格来看，还是从明末宋应星《天工开物》的记载来判断，崇祯朝十七年中的后十年（1635~1644 年），是晚明时期最有特点的发展时期，这时期的瓷器最能体现由明及清的转变风格。

3. "黑石号"沉船

1998 年，在印度尼西亚海域勿里洞岛附近发现了一艘沉船，由于发现地点有一块黑色礁石，因此将沉船命名为"黑石号"。"黑石号"的发现引起了国际文物博物馆界的高度重视。打捞出的中国唐代瓷器就达到六万多件，还有精美的金银器和铜镜等物品，有关专家认为，当时船上装载的器物可能超过七万件。就瓷器而言，仅长沙窑瓷器就有五万多件，还有越窑青瓷、邢窑白瓷、广东青瓷和白釉绿彩器等[④]。最引人注目也最具有研究、收藏价值的是三件唐青花瓷盘，这样的完整器出现是极为罕见的。

这批瓷器被打捞的意义，除了器物本身所具有的价值外，最重要的是其学术意义，对沉船器物的研究已解决了不少问题，同时推进了对航船走向、前往的目的地和当地烧造陶器的相关情况的深入研究。这是一艘阿拉伯航船，可能从中国扬州起航，前往西亚地区，有关专家推测，目的地很可能是伊拉克的西拉夫。经过对沉船出水文物的整理，从一件长沙窑瓷碗所刻"宝历二年七月十六日"纪年文字推断，沉船主体文物应为其前后产品，时属唐代中晚期。航船沉没时间应在唐代宝历二年（826 年）或以后的若干年中。2020 年 9 月~2021 年 1 月，上海博物馆联合新加坡亚洲文明博物馆举办"宝历风物——'黑石号'出水珍品特展"，展品中有来自沉船的 168 件出水文物[⑤]，这是"黑石号"文物第一次大规模来到中国正式展出。

毋庸置疑，"黑石号"是 20 世纪海底沉船最重要的发现实例之一，使古陶瓷研究专家和学者得以深入地认识唐代陶瓷发展的历史，而其漫长的航行路线和沉船本身也是十分重要的研究课题。目前，明确发现的其他两艘 8~9 世纪沉船都在东南亚地区，一艘在越南，一艘在泰国，三艘沉船都载有中国瓷器。其中最重要的是，如果"黑石号"沉船是从波斯湾沿印度洋到东南亚，最终抵达中国的扬州，并试图原线返回阿拉伯地区的话，那么这是当时西亚到东亚最长距离的航行路线。不过，现有的研究证据并不十分充足，争议还是存在。

4. "南海一号"沉船

1987 年，载有大量瓷器与其他文物的"南海一号"沉船在广东被发现。此船发现和打捞的情况，均引起了国内外的广泛关注。笔者第一次见到"南海一号"沉船出水的瓷器时，感觉到此船装载的器物质量之高，堪比国外重大打捞活动中出水的瓷器。"南海一号"沉船的出水瓷器均应属于宋代产品，为景德镇窑和浙江、福建、

④ 上海博物馆编《宝历风物——"黑石号"出水珍品》，上海书画出版社，2020 年。
⑤ 同注④。

广东等地窑场烧造。

从当年有关部门在广东阳江海域无意间用抓斗捞起二百多件瓷器及沉船被发现开始，一直到 2007 年"南海一号"被整体打捞，时间达十多年之久。此后，以整体被打捞的沉船船体为中心，阳江的一座"海上丝绸之路"博物馆拔地而起。在馆内的沉船安置区域，考古工作者逐年进行艰苦的清理工作，至今又有十多年过去，"南海一号"的面貌大致已被揭开，成果十分丰硕。宋代龙泉窑、景德镇窑和福建德化、磁灶等窑的产品，各具特色，既有较粗糙的一般物品，更有十分精美的器物，这说明此船的货主是针对未来不同的购买者而储备的不同品质的物品。船上最多也最令人注目的是那些白瓷和青白瓷，特殊的纹样使许多产品显得更加特殊，有些器物甚至在传世和出土物中很少见到。特别是那些具有福建和广东地方风格的器物，精湛的制作技艺使人难以相信这些器物竟出自景德镇以外的窑场。因为我们过去见到的许多福建、广东等地烧造的白瓷、青白瓷很少能达到这样的烧制水平。

现在，沉船的考古发掘工作正在有条不紊地进行，发现的重要文物也越来越多。近期，一件底部有墨书"癸卯"等文字的青白釉罐被清理发掘出来，经考古工作者结合其他文物综合研究后认为，此"癸卯"应为南宋淳熙十年（1183 年），"南海一号"被认为是淳熙年间的沉船。

20 世纪 70 年代末，国外有关方面曾先后对 1613 年沉没于圣海伦娜港（St. Helena）的"维特·利乌号"（Witte Leeuw）和 1615 年沉没于毛里求斯（Mauritius）海岸的"班达号"（Banda）沉船进行了打捞。而 20 世纪 80 年代初对"哈彻号"和"哥德马尔森号"等沉船进行打捞后，国际上组织打捞的私人公司越来越多，现在，在古代中国通往亚欧的航线上，屡见打捞出水的瓷器，印度尼西亚等很多东南亚国家组织打捞队在水下作业。实际上，仅仅依靠打捞出水而不是水下考古发掘获得沉船文物是不负责任的行为，有序进行水下考古，对深入研究"海上丝绸之路"及其相关历史具有重要的意义。

毫无疑问，传世及出水、出土的历史文物是研究中外贸易的重要基础，也是认识"海上丝绸之路"和海洋航运的重要证据。20 世纪 70 年代之后被打捞的大量海底沉船物品，以及千百年来陆续到达海洋彼岸异邦的无数瓷器产品，受到了世人进一步的重视，于是，贸易瓷的概念应运而生。

外国人所称的贸易瓷，并不局限于中国瓷器，还包括很多外国陶瓷器，例如高丽青瓷、日本伊万里、越南青花等等。但贸易瓷中数量最多、质量普遍高超的绝对是中国的外销瓷。

对中国贸易瓷的研究，国外早于中国。20 世纪 80 年代以前，我们很少了解中国古代瓷器外销的信息，改革开放以后才有了更多的认识。以上海博物馆为例，在过去的三十多年中，曾举办过六次与贸易瓷有关的展览，这些展览内容，除了反映中国陶瓷烧造历史以外，实际上大多数与航海有关。

十几年前，一艘外国仿古船的造访，曾给浦江两岸增添了许多热闹气氛。媒体也全方位地报道了来自北欧瑞典"哥德堡号"仿古航船来华的盛况，人们除了追踪报道船的航行情况外，还从历史、经济、文化交流等多方面评论、探讨历史上的"哥德堡号"的有关情况。笔者注意到，在重温历史的同时，许多朋友都把此事看成一件刚刚出现的新鲜事。

实际上，有关"哥德堡号"的相关情况，热心文博事业的人士应该是熟悉的，因为三十多年前，"哥德堡号"打捞的部分瓷器等物品曾在上海展出。但现在几乎没有人提起，看来大家早把此事遗忘了，这确实有些遗憾。

1991年，瑞典哥德堡市组织有关人员把沉船打捞的部分文物带到上海，在河南南路16号上海博物馆老馆展出，展品包括清代乾隆早期远涉重洋运往北欧的中国瓷器和茶叶等物品。笔者作为上海博物馆陶瓷研究的专业人员，还应邀品尝过瑞方特意为我们冲泡的从沉船打捞上来的乾隆茶。

船上的那些瓷器带着乾隆皇帝统治时期的时代印记，有的还没来得及打开原包装就沉没于大海。瓷器的质量不是一流的，它们是贸易瓷，属于较精细的乾隆民窑产品。在中国通往南洋、西亚和欧洲的航线上，已有无数因风浪沉没于海底的各种帆船，但是，很少有船只能有复原的机会，许多被打捞的船没有名字，也不知国籍，有的只能以组织打捞者（如"哈彻号"）、打捞点礁石（如"黑石号"）或沉船所发现器物上书写的年号（如"万历号"）命名。只有"哥德堡号"在不幸中又相对幸运，它沉没于哥德堡港附近，在当时就人所共知，保存物品也相对完好。

第二个是"上海博物馆与英国巴特勒家族所藏十七世纪景德镇瓷器特展"，展览于2005年11月在上海博物馆举行[⑥]。并同时举办了一个国际学术研讨会，一大批欧美专家学者参加了会议。展品包括上海博物馆收藏和英国巴特勒家族收藏两个部分，虽然上博的展品均为传世品，绝大多数过去流散于国内，但英国巴特勒爵士的藏品均来自欧美，有不少是沉船打捞物。

这样的专题展当时在国内还很少举办，研讨的选题在中国大陆也尚属首次。17世纪是中国瓷器海外贸易的活跃期，而大量实物和文献资料均在西方，因此在17世纪（特别是明末至清初连接阶段）瓷器的学术研究方面，西方有一定的优势，这首先得益于欧美许多国家有大量这时期烧造的中国瓷器，且在当年中国贸易瓷运销的海路上发现了不少沉船，另外，在荷兰等国的东印度公司等老牌贸易公司的陈年档案里，保存着许多当年与中国、日本和东南亚进行瓷器贸易的资料。这样，许多相关的研究在20世纪80年代就已得以进行。1981年，香港地区举办过一个中国贸易瓷展和研讨会，后来在欧美又多次举行了反映明末清初景德镇瓷器的研讨会。但是在中国内地，从来没有举办过这样的专题展览和研讨会。1987年，上海博物馆出版名为《青花釉里红》的瓷器专著，根据国外沉船打捞情况和相关研究资料，对明末清初的景德镇瓷器进行过一些研究，部分纠正了一些产品的烧造时代。在之后的馆内中国陶瓷陈列改建中，也充实调整了部分相关的展品。此后几十年中，部分国内专家、学者陆续开始研究17世纪（主要是明末清初）的瓷器，近海的水下考古和景德镇窑场也有打捞或发掘的成果，使这一时段的瓷器烧造面目逐渐清晰。

第三个是2009~2010年的"海帆留踪——荷兰倪汉克捐赠明清贸易瓷展"，这

⑥ 上海博物馆编《上海博物馆与英国巴特勒家族所藏十七世纪景德镇瓷器》，上海书画出版社，2005年。

是荷兰收藏家倪汉克先生的一个壮举，他将自己家中珍藏多年的 97 件明清景德镇瓷器捐赠给了上海博物馆。综观这一批瓷器，均是贸易瓷，绝大多数是青花器，其中有一部分是中国国内收藏中不常见的物品⑦。

在古代中国瓷器外销的漫长岁月中，海洋运输始终是主流。尽管汉唐时期就已形成西出长安，通往中亚、西亚的丝绸之路，陆路运输作用巨大且有自己的优势，但陆上交通工具无法运送大批量的瓷器、丝绸和茶叶等外邦喜爱的物品，依靠骆驼队的长途跋涉负载，单次运送的数量非常有限，只有海洋运输才能够把如此笨重的瓷器等物品整船整船地远销国外。现在，欧美国家保存着大量的中国贸易瓷，还有数量巨大的瓷器在海洋贸易过程中沉没海底，在古航道上聚集或散落。可以说，海运是中国古代瓷器和其他物品进行海外贸易的主要手段，没有海洋运输，中国和外部世界就不可能有如此密切的经济文化交流，也不可能有这么多瓷器的外销。从唐代到清代的一千多年中，海洋运输起到了陆路运输不可能起到的巨大作用。

从中国陶瓷发展史的角度看，瓷器的发明和烧造是一回事，产品的贸易和运输又是一回事。中国瓷器的发明和创造，曾赢得了世界的赞誉。可以说，作为古代中国外销物产的三大支柱之一，瓷器的大量输出，为古代中国带来了很大的经济利润和文化影响，也带来了无限商机。但是，没有远洋航运业就不可能有中国瓷器外销的辉煌历史，航海事业和贸易业的不断发展推动了制瓷业的发展。如宋元时期，东南沿海地区瓷业的发展，与航海事业和对外贸易业的发展密不可分，明清时期江西景德镇民窑业和福建等地窑业的发展同样如此。反之，如果没有外部世界广泛欢迎的中国瓷器、丝绸和茶叶等重要物产，我国古代的航海事业就不一定会有过去这样长久的发展，外邦与我们的海上交往和通商也不会如此密切。

第四个展览是"幽蓝神采——元代青花瓷器大展"，集中了全世界众多著名博物馆、美术馆的元青花瓷器精品，也汇聚了国内出土与传世的重要作品，多角度地展示了收藏、交流与外销情况，无论是深度还是广度，都具有特别的意义⑧。在中国，元青花瓷器是中国瓷器收藏爱好者最关注的一个名品，这种瓷器虽然在中国国内有不少出土，但发现最多的还是在海外，从南海航线到印度洋沿线，发现的元青花瓷器很多，对元青花瓷器的运销，海洋航运是当时的主要途径之一。实际上，除了大家知晓的土耳其托普卡比宫和伊朗国家博物馆分别收藏了一大批元青花瓷器外（前者 40 件，后者 31 件），国外还有不少器物陆续被发现。有的属于传世品，有的是不同时期的出土物，如印度德里老皇宫的发掘出土物，还有红海沉船的遗物，当然，来自东南亚的器物最多，是元代外销的重要产品。

第五个展览是"越洋遗珍——故宫博物院与上海博物馆藏明清贸易瓷展"，汇集了明清贸易瓷精品⑨，多角度地呈现了明清两代景德镇和福建地区瓷器外销日本、东南亚、中东和欧洲的盛况。其中最值得关注的如上海博物馆收藏的明代中期到晚期在叙利亚发现并由英国著名学者约翰·卡斯维尔收集的一批景德镇民窑瓷器，具有十分重要的学术意义。还有 17 世纪销往日本的青花和彩瓷也十分引人注目。所有这些，都与海洋航运密不可分。

⑦ 上海博物馆编《海帆留踪——荷兰倪汉克捐赠明清贸易瓷》，上海书画出版社，2009 年。

⑧ 上海博物馆编《幽蓝神采——元代青花瓷器特集》，上海书画出版社，2012 年。

⑨ 上海博物馆编《故宫博物院与上海博物馆藏明清贸易瓷》，上海书画出版社，2015 年。

除了上博的这些展览，中国航海博物馆业已举办的"'碗礁一号'沉船出水文物大展"和正在展览中的"大海就在那：中国古代航海文物大展"以及上海历史博物馆的"白色金子·东西瓷都：从景德镇到梅森瓷器大展"，都是与"海上丝绸之路"有密切关系的展览。"'碗礁一号'沉船出水文物大展"集中展现了东海平潭打捞出水物，"大海就在那：中国古代航海文物大展"更是从海洋航运及其发展历史的角度，展示各种中国文物，尤其是那些具有海运功能性质的器物，是我们过去很少了解的，这些器物带给我们的是新的信息和知识。

以上列举的展览，仅从一个方面反映了国内尤其是上海文物博物馆界在不同阶段对古代远洋航海和中国贸易瓷器的认识过程，也说明千百年来中国和海外频繁而兴盛的瓷器贸易绵延不断，源远流长。当然，这些只是几个与我们有直接关联的事例。在中外经济文化交流过程中，这样的事例不胜枚举。如果我们对古代中国和外部世界的航海贸易和陶瓷文化交流进行详细统计和深入研究，就会看到其间有一个巨大的链条紧密连接，汇集成一部宏大的中外海上交通史和陶瓷贸易史。

现在我们已看到，正在展出的"大海就在那：中国古代航海文物大展"展出了大量与海洋航运相关的历史文物，其中有一大批中国古代的陶瓷器，这些陶瓷器再现了汉唐以来中外海上交通史上的交往实证。

展览展出的商代晚期到西周早期烧造的珍珠门文化陶器，是我们过去不怎么熟悉的古代陶器产品。1979年，北京大学等单位对以胶东半岛为主的地区进行了考古调查，在长岛县的王沟、店子、珍珠门、北城西、大口和大钦北村遗址发现一种富有地方特色的文化遗存[10]，陆续出土了大量陶器等考古资料。之后，有学者提出了"珍珠门文化"的命名[11]。特别要指出的是，北长山岛西北端"珍珠门水道"东岸的"珍珠门遗址"北邻国际航线长山水道，这是早期沿海文化遗存发现的重要资料。

展品中的陶瓷器有南宋执罗盘陶俑（图版17）、元代瓷针碗（图版16）、明漳州窑五彩龙纹罗盘航海图盘（图版61）、漳州窑红绿彩罗经文盘（图版62）等，这方面的器物，过去国内所见不多，也未引起重视，因此关注度不是很高。其实这些都是与古代航海历史相关的例证，其重要性可想而知。

各个历史时期的陶瓷器多为反映中国古代陶瓷外销的重要产品，其中很多是中外文化交流和古代航海历史的重要见证。例如广州出土的汉代胡人俑陶座灯（图版36），是一个典型的胡人造型；江苏扬州出土的陶范（图版37），塑造的是马来人的形象。唐代中外经济文化交流十分频繁，扬州城内外有很多来自波斯、大食和其他地区的外国人。同样来自扬州的唐代陶瓷器中，有唐三彩钵盂、唐青花标本和长沙窑执壶（图版50~52），这些都是有区域性特点的器物。唐代的扬州是一个十分重要的出海贸易港，很多陶瓷器从这里被运往海外。这中间的唐青花瓷器1975年发现于扬州唐城遗址，以后陆续有较多发现，迄今为止，这里依然是发现唐青花的主要地区，这种瓷器是唐代销往异邦的高档物品。

1973年，浙江宁波和义路出土了一大批唐代越窑青瓷，其中有"大中二年"款识的产品，展品中的海棠式杯（图版53）就是当时的重要出土物。明州港作为当时

⑩ 北京大学考古实习队等：《山东长岛县史前遗址》，《史前研究》1983年创刊号。

⑪ 严文明：《东夷文化的探索》，《文物》1989年第9期。

主要的外销港口之一，很多中国陶瓷器从这里出口，被运送到海外。

另外，福建福州地区五代刘华墓出土的波斯孔雀蓝釉陶瓶（图版 26），是 9~10 世纪中国和阿拉伯地区航海交流的重要证据，国内曾出土过不少波斯陶器制品及碎片，此陶瓶是十分精美的器物之一。

福建地区历来盛产茶叶，也大量生产陶瓷茶具，展品中有著名的建窑黑釉兔毫盏（图版 63）和存储茶末的福建窑场烧造的酱釉薄胎陶罐（图版 64），这种器物也是宋代的外销产品。还有江西赣州七里镇窑烧造的宋代柳斗形罐（图版 65），类似的器物在 20 世纪 70 年代韩国新安海底沉船中也曾发现，以往对这种物品的用途了解不深，有研究者认为其用以存放茶粉。

展品中，沉船打捞出水的陶瓷器较多，海南西沙群岛"华光礁一号"沉船曾打捞出水大量的青白瓷，展品中的多件碗和盖盒出自该沉船，南宋中期海外贸易兴旺，青白瓷是这时期的外销主流。还有辽宁绥中三道岗沉船出水的元代磁州窑白釉褐彩罐（图版 84），福建平潭大练岛沉船出水的龙泉青釉盘、小口罐等（图版 85、86），都说明我国近海海域蕴藏着不少古代沉船的遗物，发现的仅仅是少数，还有很多有待于发现和发掘。

元青花是瓷器展品中具有代表性的器物，可以说，元青花在东西方交往和航海贸易中是有特殊地位的，元青花绘彩的钴料是来自国外的进口料（明代称为苏麻离青），景德镇用这种舶来品——进口青料绘彩烧成的青花瓷器，再通过航海工具出口海外，成为外国人十分欢迎的产品。展出的元青花执壶和梅瓶（图版 56、57）对中外交往具有十分重要的象征性意义。

同样具有特殊意义的是展品中的明宣德时期的青花洗、花浇和大盘（图版 43~45），这种器物可使人回顾明代早期景德镇御器厂辉煌的烧造历史，但更重要的是，青花洗、花浇还有一层特殊意义，其造型模仿了西亚伊斯兰地区的金属制品。而大盘则是西亚伊斯兰地区上层社会十分欢迎的聚餐用具。另外，通常认为景德镇民窑瓷器是外销的主流，官窑产品不会参与其间，但在郑和下西洋的壮举中，必然会有这种皇家瓷器。在西亚的土耳其、伊朗除了保存有不少元青花瓷器外，也有一部分明永乐、宣德景德镇的官窑瓷器。

明清时期的沉船瓷器，在展览中也有不少体现，如沉没于东南亚的明万历到天启年间的"万历号"沉船的青花象形军持和"克拉克"盘（图版 87、88），我国南海水域发现的万历沉船"南澳一号"出水的堆塑狮凤大罐（图版 89），清康熙年间"碗礁一号"沉船出水的青花瓶、盘等器物，以及 2008 年发现的宁波象山石浦附近沉没于清道光年间的"小白礁一号"沉船的青花瓷器。另外还有近期中国航海博物馆受赠的部分"泰兴号"沉船青花瓷器。清道光二年（1822 年），中国航船"泰兴号"在印度尼西亚沉没，20 世纪 90 年代被打捞。

福建德化窑是明清时期外销欧洲的重要输出窑场，类似展品中的德化窑白瓷观音像（图版 58）和各种德化白瓷在欧洲有很多保存，是西方人喜爱的器物。

同样来自福建的素三彩盖盒（图版 59），是日本人喜欢的器物类型，日本部分博物馆、美术馆及重要的茶道场所有不少保存。这种器物过去一直不清楚其产地，长期被称为"交趾香合"，随着 1997 年福建平和田坑窑的考古发掘，终于找到了原产地。

中国航海博物馆征集的两把清代紫砂壶也在展览中出现（图版 67、68）。明末清初，随着大量中国瓷器进入欧洲，江苏宜兴的紫砂器也参与了外销。清代，福建近广东地区也烧造了不少供外销的紫砂器。清代紫砂在欧洲和东南亚，以及在国内外的航海水域，都有一定数量的发现，而在欧洲大陆的不少博物馆、美术馆里，也保存有较多来自中国的紫砂壶、紫砂及金属质地的茶叶盖罐。

展品中的外酱釉内青花带托杯，也是一种典型的外销瓷器（图版 66）。这种被荷兰人称为"巴达维亚棕色"、融入南洋元素的中国青花瓷器，受到了欧洲人的欢迎。这种瓷器在福建平潭沉船也有发现。英国维多利亚与阿尔伯特博物馆、荷兰国立博物馆收藏的有葫芦瓶、长颈瓶、茶壶等，另外，欧洲收藏中还可见到各式漏斗等，均为康熙朝烧造，说明这种"巴达维亚棕色"的中国清代瓷器品种并不单一。

另外，展品中还有景德镇仿日本瓷器制作的"中国伊万里"风格青花红彩茶壶（图版 144），约清顺治十六年（1659 年）开始，日本伊万里瓷器逐渐通过荷兰东印度公司向外输出，成为继明代晚期中国景德镇瓷器之后第二个国家的外销产品。定制瓷器的样本来源就是中国瓷器。清康熙晚期以后，景德镇应欧洲人要求，依据日本伊万里瓷器的风格予以仿烧。

最后要提到的是一件广彩人物图大碗。广彩瓷是指在景德镇烧造，运至广州再加绘低温釉下彩的一种瓷器。由于广州的釉上加彩强化了器物的主体装饰工艺，这种彩绘被称为广彩。

回顾历史，在汉代海上交通航线开辟以后，中国陶器也随着越人的南徙和商品贸易运往海外，在东南亚地区的考古遗址中，常见汉代以后的中国陶器。在印度尼西亚、马来西亚、新加坡等国发现有汉代的印纹陶器物，据认为是华南地区的产品。这说明，早在汉代，中国陶器已通过海上航线，与国外进行通商贸易和文化交流。

唐代，政治经济文化的发达使中国成为文明大国，其时的朝贡贸易和民间贸易十分活跃。陶瓷器也在这一浪潮中成为海外贸易的主体，近输朝鲜半岛、日本，远销东南亚、中亚、西亚乃至非洲的许多国家。陆路海运并举，越窑青瓷、邢窑白瓷、长沙窑彩绘瓷和唐三彩陶器等，都在不少国家出现。广州、泉州、明州、扬州、登州等贸易港十分活跃，运送瓷器、丝绸、茶叶及其他物品出海，迎来各种各样的外国物品进入中国大陆。

宋元时期的瓷器海外贸易更有进一步的发展。尤其是南方地区的烧造窑场急剧增长，海路交通的发展使瓷器的海外销路十分广阔。浙江的越窑、龙泉窑青瓷和江西景德镇窑的青白瓷，是海外贸易中最具有吸引力的产品。在浙江、福建、广东和广西漫长的海岸线上，有着数不清的窑场也在生产供应海外贸易的瓷器，其中最主要的是青瓷和青白瓷。

明清时期的海外贸易可以郑和下西洋为起始点，但郑和是作为朝廷派遣的官员带领船队远洋航海，目的是扬国威、安抚外邦、促进经济文化交流。所带的物品（一定包括瓷器）更多的是馈赠的礼品,而非单纯的商品,这与中国古代的朝贡贸易有关。郑和七次下西洋不是为了朝贡,但这种礼尚往来的关系是十分清楚的,当时,皇家在景德镇设有御器厂,郑和的船队一定会装载官窑烧造的瓷器。

明代真正的瓷器海外贸易应该以月港的开放为起点。明初朝廷实施的海禁政策,一直到晚明才真正解除。

明代中叶以后,福建漳州的月港迅速崛起,成为我国东南沿海地区海外交通和贸易的重要港口。隆庆元年（1567年）,朝廷明确宣布,月港对外开放,准许对东西洋进行贸易。之后,为了防止无引私贩偷漏检查,朝廷批准在月港设置海防馆与海澄县治,掌管民间航海货易。这里成为中国民间商船请引、集中、盘验放行的唯一合法出航点[12]。这是晚明时期官方首次公开设立贸易港。实际上,当时的做法也是不得已的,可以说,月港的开放是官府与民间海上力量激烈较量后妥协的结果。除了漳州、泉州以外,其余地区的海商没有被获准进行海外贸易,这使得原先就猖獗的走私活动更加泛滥。而作为一个开放的贸易港,月港成为一个十分特殊的地区,商人可以自由出洋进行贸易,"农贾杂半,走洋如适市,朝夕之皆海供酬酢之,皆夷产"[13]。同时,这里的造船业也有很大发展,能够建造大型航海船只,据记载,其时所造之"舟,大者广可三丈五六尺,长十余丈,小者广二丈,长约七八丈"[14]。如此规模的大船,可在海上航行自如,对当时的开放和加大海外贸易具有很大的促进作用。可以看到,月港的开放是明朝的一个重要决策,其所带来的经济利益是巨大的,当然最大的受益者是朝廷,万历四年（1576年）,月港的关税收入已超过万两白银;到万历二十二年（1594年）,从菲律宾流入的白银可能超过二十六万四千两,其关税收入达到了二万九千多两白银,有人戏称月港是"天子之南库"。确实,这里已成为一时的全国对外贸易中心。

月港开放以后,沿海地区的窑业也开始迅速发展,大量的中国瓷器通过这里和附近沿海出洋远航,出口亚洲、非洲、尤其是欧洲。其中有江西景德镇和福建、广东及其他沿海地区烧造的产品。清康熙二十三年（1684年）再次解除禁海令后,国内不少港口也陆续开始开放,中国瓷器的出口量再次激增。

明朝末年,国内政局动荡,但海外贸易却有空前发展。大量瓷器运销欧洲,当时,活跃于中西航海线上的荷兰东印度公司,是营销最活跃的欧洲贸易公司,从明万历三十年（1602年）到清康熙二十年（1681年）的80年间,从中国购买了一万多件瓷器,数量十分惊人。另外,"在1650年以后的大约200年内,从中国返回欧洲的航路上,消失过60艘船,其中有6艘或7艘也属于荷兰东印度公司……在1680年,至少有100艘海上商船挂有荷兰东印度公司的旗帜"[15]。这些情况都说明,从明代晚期到清代早期,该公司是当时中国瓷器贸易的头号商贾。

从明晚期到清代乾隆年间,从欧洲和其他地区前来中国进行瓷器等物品贸易的商船不计其数。而中国自己的贸易航船前往海外进行瓷器等贸易的也早已无法统计。在这几百年中,瓷器充当着中外经济文化交流的使者,以航运为中枢媒介,成功地把中国传统文化推向异邦,也以此把许多域外文化引向中华大地。

⑫ 孙光圻:《中国古代航海史》,北京:海洋出版社,1989年。
⑬ [明]张燮:《东西洋考》小引,北京:中华书局,2000年。
⑭ [明]张燮:《东西洋考》卷九,北京:中华书局,2000年。
⑮ 黄时鉴:《东西交流史论稿》,《从海底射出的中国瓷器之光·哈契尔的两次沉船打捞业绩》,上海古籍出版社,1998年。

2020 年 12 月 28 日，"大海就在那：中国古代航海文物大展" 在中国航海博物馆隆重开幕，10 省（区、市）25 家博物馆 160 余件航海文物汇聚于此，合力讲述波澜壮阔、激动人心的中国古代航海故事。广州博物馆精选 8 件代表性文物参展，年代跨度从汉代至 19 世纪，类型包括陶器、琉璃器、金属器、瓷器、钱币、碑刻、绘画，种类有进口物料、舶来品、外销品，用途涉及世俗用品、宗教文物，反映两千年间广州作为中国对外贸易与交往历史上永不关闭的口岸，发挥着独一无二的作用。我们借助这 8 件文物，结合文献研究成果，可以粗线条勾勒出不同时期广州通过海上贸易与不同国家和地区的交往历史；再进一步深入研究，则可挖掘出不同时期曾在广州对外贸易航线上活动过的某些人群及其发生的故事。以下选取此次代表性参展文物举例说明，并对其中涉及的研究方法及策展思路加以阐述。

一、用文物说话：特定群体考察与特殊人物故事

此次参展文物中有一件东汉胡人俑陶座灯（图版 36），1956 年出土于广州市先烈路惠州坟场。此陶俑具有较为明显的外来人种特征，深目高鼻，须冉浓密。广州汉墓出土了数量较多的以胡人形象为座的陶灯，胡人俑被塑造成头顶或手托灯盘的形象，坐姿或跪地，实为托灯俑，因此又有考古学者称之为托灯胡人俑。这些胡人俑身材不高，头较短，深目高鼻，两颧高，宽鼻厚唇，下颌较为突出，有些脸上有大络腮胡子，身体刻划多道痕表现体毛等特征，其造型裸体、赤脚、缠头巾，有的还戴耳环，与汉墓出土的陶俑形象截然不同[①]。通过对广州汉墓出土的胡人俑进行系统分析，发现其约从西汉武帝开始出现，早期的俑体消瘦，东汉晚期，俑多体态肥胖。以陶俑的相貌体态来分类，可以分成南海诸岛蛮夷和西域诸胡，有些胡人俑表现出两类胡人的特征，估计工匠捏塑时将胡人的各种体质特征和生活习俗糅合于一体，如所有俑像皆跣足戴耳环，明显是南方热带人的特征，大多数俑都深目高鼻，捏出或划出络腮胡须，又具有北方胡人特点[②]。

结合实物，通过对两汉时期文献进行研究分析，考古学者认为广州汉墓出土俑座灯的胡人形象来源也许不限于某个地区，而是包括海南岛、马来半岛、中南半岛和印度等地，甚至远至非洲，有的可能以西域各国胡人为原型塑造[③]。这些胡人俑的原型，应是两汉时期经南海道贩运来华的外族人士，可能是中国的船队带回，也有可能由印度商人贩运而来，应是服务于墓主人的家内奴仆[④]。

另有一件参展文物为清康熙耶稣会传教士艾若瑟墓碑残件（图版 118），碑原置于广州白云山艾若瑟教士墓前，后移存广州博物馆。据查，艾若瑟（Antonio Francesco Giuseppe Provana），1662 年生于尼斯（时属意大利），1695 年至澳门传教；1699~1701 年至河南开封、山西太原接管教务，曾到平遥、吉县、襄陵、汾州等地传教；1702~1707 年居北京；1707 年，康熙帝为澄清中国礼仪之争，派遣艾若瑟以特使身份出使罗马教廷，樊守义随行。艾若瑟在乘船返回中国途中病逝，遗体被运至广州上岸，康熙帝"特赐安葬"广州。

碑原有两块，分别为中文和拉丁文。现存广州博物馆的碑以拉丁文为主，汉译如下：

> 此处安息着耶稣会修士和中国传教士艾若瑟神父，由中国康熙皇帝派其出使欧洲，1720年在回归途中于好望角附近去世，终年62岁。时年已入耶稣会42春秋，根据1722年12月17日皇帝陛下圣旨特安葬于此。⑤

由碑文及相关研究可知，艾若瑟教士最初受意大利教皇指派，赴中国传教。后获得康熙皇帝信赖，作为康熙皇帝的特使出使罗马教廷，向教皇解释礼仪之争，他可谓东西方世界交流的双料使者，为沟通中西不辞辛苦、不辱使命。可惜他在归途不幸病逝，康熙皇帝特赐安葬广州，也是对他的高度认可和崇高敬意。

以上所举两例，为利用考古出土及传世文物，结合文献资料，阐述广州对外贸易历史上曾出现过的特定群体——汉代来华胡人及18世纪初来华传教士艾若瑟的故事。广州海外贸易起源于秦汉，兴盛于唐宋，鼎盛于明清，一直延续至今，两千多年没有中断；尤其在清中叶实行海禁的时候，广州以"一口通商"的独特地位总揽中国对外海上贸易85年，是名副其实的"两千年永不关闭的门户"。在不同时期，因贸易航线的拓展，广州曾与不同国家和地区进行贸易往来。如前所述，两汉时期，马来半岛、中南半岛和印度等地甚至远至非洲地区的商船，经长途航行，由徐闻、合浦抵达中国，进而到达广州，胡人俑座灯即是以当时乘坐海外商船辗转抵达广州的海外奴隶为原型塑造的。笔者曾撰文考察唐宋时期来往广州的番舶和舶主，利用唐宋时期中日文献及前人研究成果，运用唐宋时期中日史料，论述抵达广州的各国商船及舶主历史情况，认为此时文献所记"舶主"以波斯、大食等阿拉伯国家商人为主，他们在广州的商业及文化活动，使这座港市呈现出多元文化的气息⑥。到了18至19世纪，欧美航海国家商船直航广州，艾若瑟是其中随贸易商船来华的传教士，为加强中西文化交流做出了独特的贡献。文献与文物的结合，辅以断代史的考察，可对不同时期特定来华群体或特殊人群开展整体或个案研究，使港口与人的故事愈加生动有趣。

二、从文物研究人：努力做到见物见人

由秦汉时期延续至清代两千多年的海外贸易，使广州与世界上绝大多数海洋国家建立过航海贸易关系，并且在文献和遗迹、遗物中留下许多珍贵的见证。2006年，为配合广州"海上丝绸之路"申报世界文化遗产工作，广州市组织市属博物馆、考古所业务骨干，编辑出版《海上丝绸之路：广州文化遗产》（全三册）⑦，正如著名考古学家麦英豪先生在总序中所言，编写者本着"有实体可寻，有遗物可证，有文献档籍可查"的原则，分三大卷对"海上丝绸之路"广州文化考古发现遗物、地上史迹和文献资料进行全面的梳理和研究，图文并茂，为今后"申遗"的遗迹选点、

① 参见广州市文物管理委员会、广州博物馆编《广州汉墓》，北京：文物出版社，1981年。

② 覃杰：《广州汉墓出土托灯胡人俑》，《文物天地》2013年第12期。

③ 同注②。

④ 同注②。

⑤ 碑文转引自[葡]文德泉：《作为皇家使者的一名耶稣会士墓葬》，《澳门文化》（中文版）第21期。

⑥ 曾玲玲：《史籍所见唐宋时期广州的海舶与舶主》，《广州博物馆建馆八十周年文集》，北京：文物出版社，2009年，第125~133页。

⑦ 中共广州市委宣传部、广州市文化局：《海上丝绸之路：广州文化遗产》（全三册），北京：文物出版社，2007年。

审定遗产的历史真实性和完整性、评估遗迹的历史价值、编制遗产的保护和利用规划提供了全面、翔实的研究依据。该套丛书也是我们研究广州港历史的重要资料索引。

　　早在 20 世纪初，便有学者开始关注并研究古代广州海外贸易历史，梁嘉彬先生1937 年出版巨著《广东十三行考》，成为这一领域研究的奠基之作。改革开放 40 年来，考古材料、传世文物愈加丰富，中外学术交流和跨学科合作日益频繁，文献共享率不断提高，政府加大扶持力度，有力推动了广州港研究的深度和广度，成果令人欣喜[8]。尽管如此，广州海路贸易的诸多史实，尤其是中古时期的贸易历史具体细节和人物研究依然多为语焉不详；举办的大型展览虽然声势浩大、珍宝夺目，但多有见路不见人、见物不见人的缺憾，凸显文博界对"海上丝绸之路"历史研究的不足。博物馆以物叙史，以物说话，文物研究是博物馆策展、宣传的根基。通过文物研究讲述不同时期、不同地区人们的生活、发展历史，则是"历史研究以人为本"的重要体现。那么对于港口的历史研究，如何通过文物研究体现人的活动，让港口故事更加生动有趣呢？

　　著名中西交通史研究专家蔡鸿生先生在《广州与海洋文明》序言中指出："口岸史的研究，应当是经济史和文化史的综合研究。既不能见物不见人，更不能见'器'（物质文化）不见'道'（精神文化）。"[9]正如历史研究注重时间、空间概念，人、事、物是历史叙事中必不可少的关键要素，不弄清楚时间、空间，等于失去了坐标；不研究透人、事、物，则无法讲好历史故事。因此蔡先生提醒中外交通史研究者要避免两个倾向："第一，见路不见人；第二，见物不见人。贩卖的商品，出土的文物，研究其造型固然重要，更重要的是研究其功能，只有注意到功能，才可通向人，通过物来认识人。"[10]无论陆路、海路，历史上都曾活跃过无数的人；无论舶来品、外销品，都是为人所用，体现着不同时期人们的技艺、审美、习俗和观念等。历史研究以人为本，文物研究更应以人为本，才能找到源头活水。蔡先生毕生研究广州海贸历史和海洋文明的心得，凝聚到《广州海事录——从市舶时代到洋舶时代》[11]一书中，全书收录与广州古代海事直接相关的论文 22 篇，时间跨度从唐宋至明清，有个案研究也有群体考察，由点及面，见路见人，揭示了从市舶时代到洋舶时代广州海事发展历史的诸多细节和规律。波斯舶、番坊、市舶宴、荷兰馆、颜氏磊园、海幢寺……在读者面前展开了一幅幅古代广州海事历史画卷。波斯僧、"昆仑奴"、番长、和香人、解犀人、译人、舶牙、贡使、洋商、行商、商帮等人群的形象逐渐清晰、鲜活起来。而在此之前，上述这些有关海外贸易、海上交通的专有名词只是概念化、符号化，在蔡先生这本书中，这些历史场景和历史人物的细节更加明朗了[12]。

　　"历史学者研究历史，从文献研究人，文博工作者，从文物研究人，殊途同归"[13]，蔡先生的这句话以及上述研究思路和方式，启发了文博工作者开展文物研究的新切入点，打开了新视野。以 18、19 世纪外销欧美的商品为例，每一件都可深入挖掘其背后的故事：谁生产（又或谁定制）、谁运输、谁销售、怎么使用、什么场合使用、如何流传至今？许多关联问题的答案，显示的不仅是一个人，更是一个地区的经济生产、交通网络、物种传播、人员流动、社会习俗或不同地域的文化交流[14]。通过

⑧ 参见曾玲玲：《广州古代海外贸易历史研究 40 年回顾（1979~2019）》，《海交史研究》2020 年第 1 期。
⑨ 蔡鸿生：《序》，《广州与海洋文明》，广州：中山大学出版社，1997 年，第 3 页。
⑩ 蔡鸿生：《中外交通史上的胡商与蕃客》，《学理与方法——蔡鸿生教授执教中山大学五十周年纪念文集》，香港：博士苑出版社，2007 年，第 18 页。
⑪ 蔡鸿生：《广州海事录——从市舶时代到洋舶时代》，北京：商务印书馆，2018 年。
⑫ 曾玲玲：《蔡鸿生：〈广州海事录——从市舶时代到洋舶时代〉》，《海交史研究》2018 年第 2 期。
⑬ 同⑩。
⑭ 曾玲玲：《治广州口岸史的学理与方法——在文博工作实践中重温蔡鸿生教授的有关论述》，《广州与海洋文明Ⅱ》，上海：中西书局，2018 年，第 226~236 页。

人的活动，将一件件看似独立的文物连接起来，将原材料与商品、产地与市场、生产与销售流通等环节连接起来，逐渐形成一章章人类历史。

2019 年 6 月 21 日，中国丝绸博物馆推出"丝路岁月：大时代下的小故事"展，以国内外多家博物馆、研究所、考古队收藏的五百余件文物，用 13 个时代不同、民族不同、身份不同、经历不同的人物所遗留下来的"小故事"，重塑在风云变幻的丝路岁月中大小人物或精彩似传奇，或平凡如你我的一生[15]。他们只是千年丝路上曾经活跃过的使者、商团、牧民、军士、官员、农夫、驿长、僧侣等人的缩影，但却带我们回到那个和平合作、开放包容的"大时代"，以一个个鲜活的故事引领我们思考丝路岁月带给人类文明的丰富遗产。该展引起国内外同行的广泛关注，也引发大家思考如何在展览策划中讲好人的故事。要讲好文物背后的故事，需要博物馆研究者结合文献史料、运用多学科的知识去钻研，既要有通史的眼光，又要有微观研究能力，实非易事。但这个发现的过程充满了乐趣，而且也是文博工作者本身被赋予的使命：让更多的人通过文物认识和了解古人们的生活，以古鉴今，从而让文物的生命不断得以延续。

三、广州港历史相关主题展览策展实践

广州独特的地理位置，使其成为历代外销商品和舶来品的集散地。因此，广州与其他国家的海上贸易历史，也就是中国外销商品的传播史和舶来品的入华史。近 20 年来，广州博物馆重点征集 18 至 19 世纪的广州外销艺术品，在征集的过程中加强历史研究，注重挖掘文物背后的故事，并将研究成果及时运用到展览中，这方面的工作可归纳为展览叙事：用藏品讲述 18、19 世纪广州港的故事。首先将藏品置于中西贸易的大背景下进行考察，其次通过对藏品个体和同类型、同时期物品的系统研究，分专题考察商品贸易、人员交流、技术和观念的传播，最终以展览的形式呈现人的活动轨迹、口岸生活、文化的传播与交融。如 2014 年举办的"瓷路相逢——清代外销瓷上的中国情调与西方艺术"展，利用近年外销瓷征集和中外研究成果，精选馆藏 69 件（套）外销瓷，首次从图像研究的角度进行策展，展现中西瓷器贸易和文化交流的趣事；2015 年举办的"广府旧事——19 世纪广州外销通草画中的城市生活"展，以画证史、以画释史，展现了两百多年前广州港口风光、市井百态、家居生活、节庆习俗等丰富的人文图像，该展荣获首届广东省博物馆陈列展览精品奖，同名图录[16]于2016 年荣获南国书香节"广东最美图书"称号；同年举办的"辉煌印记——广州博物馆藏清代中国外销纹章瓷展"[17]，聚焦 18 至 19 世纪外销纹章瓷订购、生产、销售与流通，讲述与外销商品贸易相关的家族、商人、公司故事与工匠精神。这种以小见大的办展方式有别于以往的宏大历史叙述，又通过文物讲述某一特定历史时期人们的生活状况，某种程度上反映人们的精神状态与艺术审美，兼具故事性和趣味性，受到同行和观众的喜爱。

在加深藏品征集和城市史研究，不断通过专题展览推进对城市史认识的基础上，

[15] 参见中国丝绸博物馆官方网站：www.chinasilkmuseum.com.
[16] 广州博物馆编《广府旧事——19世纪广州外销通草画中的城市生活》，广州：岭南美术出版社，2016 年。
[17] 广州博物馆编著《广州定制：广州博物馆藏清代中国外销纹章瓷》，北京：文物出版社，2017 年。

2017 年广州博物馆对基本陈列"广州历史陈列"进行改造提升，于 2018 年 2 月推出"城标·城史——广州历史陈列"。该展展出文物 953 件，年代从新石器时代延续到 1949 年广州解放，以丰富文物讲述各时期广州城建、市民生活变化和经济文化发展进程；分楼层营造秦汉、唐宋、明清、近代四个重要时期的独特氛围并复原相应历史场景；选取秦代铜戈等重要文物制作文物全息投影，运用三维或二维多媒体视频等交互方式展现广州城市变迁、宋代城市建设等历史节点，加强与观众的互动，提升观展体验。此次改陈秉承"以人为本"的办展理念，运用文物、文献及辅助展品、多媒体技术，以小见大、见物见人，重点讲述历代城市建设，致力于更生动地展示不同时期广州人的生活状态，以及广州与外部世界的交往与联系。该展推出后，受到文博同行关注和广大游客喜爱，开展一年参观游客达 63 万人次，2019 年荣获第二届广东省博物馆陈列展览精品奖。

此外，我们还策划举办了一系列与港口历史相关的联展，从与其他港口的对比研究和互动关系中，进一步挖掘广州港的历史特征与人文内涵。2016 年，广州博物馆与苏州博物馆联合推出"苏州样 广州匠——明清苏广工艺精品联展"，苏州、广州同属国家历史文化名城，一在江南，枕江倚湖，居运河之枢纽；一在岭南，负山带海，为东方之港市。优越的地理环境及悠久的历史进程，形成了各具特色的城市文化。苏州、广州两地都有着独具地域特色的民间工艺品，品类繁多，技艺精湛，在明清以至民国时期天下驰名，比肩竞秀，成为手工艺的地域发展代表，领先全国，风行朝野，传播海外，影响深远，致有"苏州样，广州匠"之谚。苏、广两地博物馆明清民间手工艺精品联袂展出，每一件展品都是先辈心灵的写照和智慧的凝结，同时又反映了宏阔而切实的时代文化背景。策展团队力求见物见人，努力挖掘展品本身及其背后的工匠故事，除展现两地多种工艺的技艺、特色，还利用地方文献、故宫档案呈现两地工艺对不同文化的融合与创新、在清代全国的地位和影响力，乃至苏广两地工艺对海外市场的辐射力。配合此展举行了学术研讨会并出版论文集，推进了对两地工艺历史的认识，也加深了两馆对自身城市历史、定位的认识。2019 年，广州博物馆联合上海市历史博物馆、宁波中国港口博物馆、广东省博物馆，举办"银饰人生——19～20 世纪中国洋装银器展"，通过逾百件银器讲述了 18 世纪中叶以来中国外销银器的诞生、畅销欧美以及 19 世纪末之后洋装银器在中国社会的流行。该展同样致力于从文物研究人，努力做到见物见人见精神，这些熠熠生辉的展品凝聚着东西方银器铸造技艺和中国传统匠人精神，见证着中国开拓海外贸易与中西文化交融的历史，同时也展现了 19～20 世纪广州、香港、上海、宁波、南京等通商口岸的社会变迁与人文情怀。2019 年，广州博物馆又携手故宫博物院、北京颐和园管理处、广东民间工艺博物馆联合举办"匠心神巧——广作特展"，展览系统梳理两百多年前广州工艺兴盛的时代、地域、匠人等因素，详述各类工艺特征及技巧，首次以"广作"之名统称清代以来广州工匠制作的具有广州地区特色的手工艺品，集中展示广作工艺的文化内涵、艺术价值，及其对中国乃至世界工艺美术的重要贡献⑱。

上述展览的举办，不仅将 2000 年以来广州博物馆征集的外销瓷、外销画、外销

⑱ 广州博物馆编《匠心神巧——清代广作历史与工艺传承研究文集》，广州：广东人民出版社，2019 年。

银器及广绣、广彩、广式家具、广式雕刻、广钟、广珐琅等清代广州各类工艺品分专题进行深入研究，而且在研究的过程中注意立足广州，关联北京、苏州、香港、上海、宁波等城市及海外市场，在与其他城市的互动关系考察和对比研究中进一步厘清广州在古代中国对外贸易和交流中的地位和作用，从全球史的角度展示广州作为东西贸易重要口岸和东西文化重要交汇点，在17~20世纪扮演的角色和发挥的作用。与此同时，通过对文物的研究，挖掘其背后的人物故事，重点是考察其生产、制造、流通过程和功能及使用人群，及其具有的历史价值、艺术价值、科学价值等。根据文物信息和留存的文献档案，展开对指定历史人物或特殊人群的考察，逐步加大对"人"的研究力度，以推进对港口历史的细节化、全景化展示。

人民群众是历史的创造者，历史研究理应以人为本。愿文博同行们共同努力，不断深入对港口历史和文物的研究，一起讲好港口与人的故事。

『大海就在那：中国古代航海文物大展』内容策划探析

毛敏　中国航海博物馆副研究馆员

由中国航海博物馆（以下简称"中海博"）牵头，沿海 10 省（区、市）25 家博物馆共同举办的"大海就在那：中国古代航海文物大展"，获得"2020 年度全国博物馆十大陈列展览精品推介优胜奖"。此次展览题旨宏大，如何科学地策划内容以确保展示效果，这是本文试图去解析的。

一、展品选择

展览未动、展品先行，要科学策划展览内容，首先要解决的就是展品问题。长期以来，航海相关文物并非我国博物馆收藏的主要方向，各博物馆所收藏的航海文物总体呈现数量偏少、类型单一、体系不完备的特点，这也是目前我国博物馆界大型航海主题展览大多采用联合办展模式的原因所在。具体到行业博物馆更是如此，大部分行业博物馆的藏品数都少于类似规模综合性博物馆的藏品数，珍贵文物更是少之又少[①]。中海博自 2005 年筹建以来，高度重视文物征集工作，目前已有藏品 2 万余件/套，但客观来说，这些藏品时代多属于近现代，在古代文物尤其是珍贵文物收藏方面仍存在较大缺陷。因而，单靠中海博一馆之力打造此次大展并不可行，从多个博物馆借展展品势在必行。

自 2018 年始，中海博每年举办一个 20 家以上机构参展的大型展览，在展览策划中树立"不求所有、但求所用"的展品理念，即高度重视展览策划，而展品不局限于本馆馆藏，通过借展的方式，让其他文博机构的藏品为我所用，这对于行业博物馆举办大型展览具有借鉴意义。具体到此次展览，我们在展品选择方面做了三方面的尝试。

（一）丰富展品类型

此前航海主题展览多围绕商贸领域，因而展品大多是外销的陶瓷、丝绸、茶叶等各类商品，此次展览将展示范围扩大为航海相关科技、人物、信俗、艺术等多方面，由此，执罗盘陶俑、测深铅锤、海舶纹菱花铜镜、《皇会图》、景泰蓝皮筒钟等文物得以展出。最终展览展出各类文物 162 件/套，时代自新石器时期直至清代，包括但不限于陶瓷、竹木、石器、贝器、青铜、金银、漆器、钱币、玻璃、丝绸、茶叶、雕塑、书画、水晶、珊瑚、船模、文献、拓片等 20 余类。

（二）覆盖更广区域

为使更多符合展览主题的展品得以展出，我们派出工作组前往沿海各文物收藏单位进行拉网式的参观、调研和座谈，在一些中小型博物馆"淘"出心仪展品时的惊喜，足以冲淡工作的漫长和艰辛。非常幸运的是，展览得到了各文博单位的鼎力支持，沿海辽宁、天津、山东、上海、江苏、浙江、福建、广东、广西和海南共计 10 省（区、市）24 家文博机构应邀参展，这些参展机构涵盖国家级、省级、地市级和县级博物馆，应当是目前我国博物馆界参展单位覆盖地域最广的航海主题展览。

（三）展出更多精品

精品文物是展览吸引力的重要构成，本次展览的展品不尚多、唯求精，当然精品文物不等于等级文物，那些故事性、观赏性、话题性强的展品同在此列。此次展览展出了南朝鎏金铜佛像、西汉蒜头纹银盒等高级别文物，也展出了"南海一号"出水南宋金项饰、西汉弦纹玻璃杯等曾登陆知名电视节目的"明星文物"，还展出了洪保"寿藏铭"、崇祯帝册封琉球国王敕谕、耶稣会传教士艾若瑟墓碑残件等观众热议的展品。

二、内容架构

当代博物馆展览架构已呈现明显的叙事倾向，体现在"精品展"数量的减少和"主题展"数量的增加，严建强先生提出"信息定位型展览"有别于"器物定位型展览"[2]，正是指出并论证了这一趋势。纵观航海主题展览，通常采用编年或者专题模式进行架构，例如"丝路帆远：海上丝绸之路文物精品七省联展"，分"溯源至秦汉三国""两晋至唐五代""宋元""明清"四个时期，以编年形式进行架构[3]；而故宫博物院举办的"紫禁城与海上丝绸之路"，分"扬帆远播""西风东渐""交互参酌"三个专题，以专题形式进行架构[4]。无论任何一种展览架构都有其利弊，编年模式展览的优点在于其清晰的时间脉络，但时间单元之间缺乏信息链接，难以实现主题意义的整体性传递；而专题模式展览的优点在于其完整的信息阐释，但专题单元之间缺乏清晰的逻辑链接，难以反映全面系统的历史图景。此次展览框架综合使用编年和专题两种模式，并在此基础上有所创新。

（一）以六大专题为纬

此前航海主题展览大多围绕以外销为代表的商贸领域，此次展览则分为"联通大洋""异域奇珍""海史掠影""海贸物语""信仰之舟""东西互鉴"六个部分，各单元专题相对独立又彼此衔接，涉及航海科技、异域来物、人物事件、海外贸易、宗教信俗、文化互鉴等多角度，基本涵盖中国古代航海的各个方面。

东、西方商品能够通过海路往来，其前提是航海科技的不断提升，正因为古代中国拥有令世界瞩目的航海科技成就，才能推动"海上丝绸之路"不断走向新的辉煌。"联通大洋"部分重点展示了桨、帆、橹、舵、锚、水密隔舱、指南针、测深锤等航海科技成果（图1）。

自秦汉始，以番禺、徐闻、合浦为代表的港口方兴未艾，"海上丝绸之路"已然初具规模。发达的航运、繁忙的港口促进了中国与海外的密切往来，使得各式琳琅满目的"藩夷宝货"进入人们的视野和生活。"异域奇珍"部分重点展示了来自古希腊、波斯等地区的金花泡、孔雀蓝釉陶瓶、玻璃宝石制品和胡人俑等（图2）。

航海活动中不仅有物质交换、经贸交往，更有文化

① 冯毅：《基于完善博物馆评估体系的行业博物馆发展思考》，《东南文化》2019年第2期。

② 严建强：《信息定位型展览：提升中国博物馆品质的契机》，《东南文化》2011年第2期。

③ 汪震：《"丝路帆远：海上丝绸之路文物精品七省联展"策划与实施再探讨》，《福建文博》2014年第1期。

④ 杨晓丹：《紫禁城与海上丝绸之路（上）：瓷礼佳珍扬帆远播》，《中华文化画报》2017年第7期；杨晓丹、杨晓霖：《紫禁城与海上丝绸之路（中）：西风东渐万国来朝》，《中华文化画报》2017年第8期；杨晓霖、杨晓丹：《紫禁城与海上丝绸之路（下）：洋为中用交互参酌》，《中华文化画报》2017年第9期。

图1 第一单元"联通大洋"

交流、政治往来，其中既有航海家个人的豪勇壮举，也有国与国之间的交往与纷争。这些航海人物与事件在航海史中重逾千斤，其光辉经千百年不曾磨灭。"海史掠影"部分尽力搜集航海历史事件和人物的吉光片羽，展示遣唐使、市舶司、郑和下西洋、倭寇之乱、册封琉球、航海名家等事件和人物（图3）。

隋唐以后，"海上丝绸之路"繁盛一时，满载着丝绸、瓷器、茶叶、香料等货物的商船在海上往来不绝，远渡东亚、东南亚、南亚、西亚、欧洲乃至非洲、美洲。"海贸物语"部分主要从"瓷器之路""丝绸之路""茶叶之路""香料之路""白银之路"五个角度，介绍古代海外贸易中的重点商品；并重点展出以"南海一号"为代表的九艘沉船及其出水文物，这是古代"海丝"贸易繁荣的实证（图4）。

精神舶来品与物质舶来品形影不离。航海带来的不仅是人口、商品的交换，更有宗教与文化的交流互通。"信仰之舟"部分主要展示了来自多个港口城市的佛教、伊斯兰教、基督教、印度教等外来宗教相关展品，以及中国沿海妈祖信仰的相关实物（图5）。

15世纪以来，欧洲人开启了地理大发现与全球海上贸易新时代。虽然明清实行

图2　第二单元"异域奇珍"

图3　第三单元"海史掠影"

图4　第四单元"海贸物语"

图5　第五单元"信仰之舟"

图 6 　第六单元"东西互鉴"

海禁与闭关锁国，但与西方的海上交流窗口并未完全封闭，东西方文化的交流融合是这一时期最大的特色。"东西互鉴"部分主要展示了钟表、玻璃制品、折扇、徽章瓷、广彩瓷、银器、漆器、象牙球、广绣、通草画、玻璃画等与进出口密切相关的展品（图 6）。

　　需要指出的是，六大专题并非简单的平行展示，而是在交叉层叠中渐趋递进。其中科技是航海发展的基础，因而第一部分"联通大洋"所涉时代为"远古—清"，其余部分则各有侧重，"异域奇珍"部分所涉时代主要为"汉—唐"；"海史掠影"部分所涉时代主要为"唐—明"；"海贸物语"部分所涉时代主要为"宋—明"；"信仰之舟"部分所涉时代主要为"宋—清"；"东西互鉴"部分所涉时代主要为"明—清"。

　　（二）以 67 个故事为经

　　为避免信息传递的碎片化，强化对文物本体的解读，除了丰富的图文和说明牌外，我们在展览中精心设置了 67 个故事。每个故事均由四字引入，例如见风使舵、针揆南北、波斯来风、异域奇兽、番邦来客、七下西洋、域外香暖、西来初地、一口通商等。每个故事类似一个小专题，由一件或若干展品组成，自成一体又彼此有所联系，在提升展览趣味性的基础上，实现"从物到事"的转变，借此将孤立于展柜中的展品活化为鲜明的主题和生动的图景。

　　（三）以数字符号为串联

　　此次展览题旨宏大，我们需要通过文化符号帮助观众在广阔的时空中获取清晰的参观线索，经反复思考，我们认为数字是颇为可行的方案。我们将展览总结为"一大海神、两元世界、三大科技，四门宗教，五条商路，六大事件，七座名窑，八宗货物，九艘沉船，十省联展，百件珍品，千年航海"，通过从一、十、百、千的记忆，在观众记忆中快速串联出展览整体印象，进而勾勒出整个中国古代航海的恢宏图景。

三、内容编排

在已有框架的基础上，我们在具体内容编排中灵活采用对比展示、群组展示、辅助展示等手段，力求将展览内容演绎成具有韵律美的优雅乐章。

（一）对比展示

进、出口对比。《汉书·地理志》中记载的汉武帝时期官方远洋贸易中，出口的是"黄金、杂缯"，进口的则是"明珠、璧流离、奇石异物"，除了丝绸以外，其他实物在两广地区均有出土。由此我们在"异域奇珍"部分，将出口的汉代"大"铭金饼和"阮"铭金饼，与进口的弦纹玻璃杯、六棱橄榄形红玛瑙穿珠、六棱柱形水晶穿珠、水晶玛瑙珊瑚珠串进行对比展示，引导观众认知以"互通有无"为初衷的早期远洋贸易。而在"海史掠影"部分也有关于郑和下西洋时期进出口的对比展示，出口部分展出的是青花缠枝莲纹折沿盘等瓷器，进口部分展出的则是金锭。而汉、明两代进出口货物的变迁，同样值得观众进行跨时空的对比观摩。

出土、出水对比。元青花瓷器造型风格独特，装饰纹样迥异于前朝，以景德镇生产的元青花成就最为辉煌。元青花属于满足国外市场需求制作的外销瓷，主要通过"海上丝绸之路"销往西亚和东南亚等国。我们将上海博物馆收藏的元青花缠枝牡丹纹梅瓶，与中国（海南）南海博物馆收藏的南海出水元青花花卉纹八棱执壶进行对比展示，让观众了解外销瓷器从生产到运输销售的过程，感知航海在外销贸易

图 7　元青花对比展示

中的关键作用（图 7）。

物质、非物质遗产对比。博物馆的展示对象被认为包括物质和非物质两部分⑤，而非物质文化遗产很大程度上要依赖物质文化遗产作为载体进行展示。古代航海活动中需要通过趋吉避凶的求神仪式来祈祷海不扬波，其中妈祖是影响最大的航海保护神。民俗信仰本身是非物质文化遗产，而这种信仰的载体例如塑像、碑刻等则是物质文化遗产，两者难以截然分开。庆祝妈祖诞辰的活动"皇会"是反映妈祖信仰的重要非物质文化遗产，此次展览展出了来自天津博物馆的《皇会图》，中国（海南）南海博物馆的桂木妈祖雕像，以及江苏省江海博物馆的彩绘妈祖石雕像，尝试将妈祖信仰相关的物质与非物质文化遗产进行对比展示。

中、西文化对比。15 世纪开始，通过航海进行的中西文化交流在深度和广度上都大大超过之前任何时代，东西方文明在交融与碰撞中互学互鉴，这种交融互鉴不仅反映在科学技术、审美意趣、艺术风格方面，更生动体现于社会风俗与人们的衣食住行中。我们将代表西洋精巧的钟表，代表中国风的满大人折扇、通草画，和代表中西交融的徽章瓷、潘趣碗、象牙球等等进行对比展示，从一件件展品中细致体会中西文化的交流与融合，感悟"和平合作、开放包容、互学互鉴、互利共赢"的"海丝"精神。

（二）群组展示

探索前"海上丝绸之路"史。根据《汉书·地理志》中关于汉武帝发舶远洋的记载，国内学者一般将"海上丝绸之路"历史的上限界定在西汉，但在考古发现中却有早期航海的更多线索。此次展览展出了新石器时代的贝铲、有段石锛、木桨，尤其是北方蓬莱海域出水的商周时期的陶制品，通过这一组文物的群组展示提出开放性论点：汉以前是否已经存在通过海路开展文明交流的活动。

五条商路。"海上丝绸之路"并非古已有之的称谓，而是从学术界诞生然后扩展开来的，因而不可避免会伴随一些争议，一些学者认为通过"海上丝绸之路"所交易的商品，不仅有丝绸，还包括陶瓷、香料、茶叶等，因而主张"海上丝绸之路"还可以称为"海上陶瓷之路""海上香料之路""海上茶叶之路"等等。本次展览通过唐三彩、唐青花、长沙窑、越窑、元青花、德化窑和漳州窑产品展示"陶瓷之路"；通过建盏、茶入、紫砂、巴达维亚瓷和"哥德堡号"沉船出水茶叶展示"茶叶之路"；通过两宋时期的纱、绢等丝绸制品展示"丝绸之路"；通过香薰、乳香、香料木等展示"香料之路"；通过南海出水铜钱结块、威尼斯银币和大量 17~19 世纪外国银币展示"白银之路"。以五条商路展示古代航海贸易的多个侧面，一窥以木帆船为交通载体的古代航海贸易的恢宏盛况。

九艘沉船。"海上丝绸之路"并非坦途，以福建为代表的东南沿海，许多航道蜿蜒艰险、许多航区暗礁林立，在航海技术不够发达的古代，船舶遇风波沉溺的事件常有发生，这在当时是一场灾难，却在客观上留下了一笔重要的海底遗珍。每一艘沉船都是一位"海上丝绸之路"的讲述者，每一艘沉船都是一段复活的商贸传奇，我们选取"南海一号"、"华光礁一号"、三道岗沉船、大练岛沉船、"万历号"、

⑤ 2007 年 8 月，国际博物馆协会（ICOM）将博物馆定义为"一个为社会及其发展服务的、向公众开放的非营利性常设机构，为教育、研究、欣赏的目的征集、保护、研究、传播并展出人类及人类环境的物质及非物质遗产。"

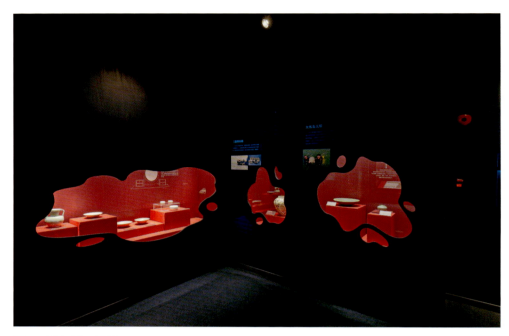

图 8　沉船展示区域

"南澳一号"、"碗礁一号"、"小白礁一号"和"泰兴号"进行群组展示，其中宋代两艘、元代两艘、明代两艘、清代三艘，大致能够代表中国古代沉船的基本面貌。沉船及其出水物是"海上丝绸之路"最直接、最生动、最真实的见证，通过九艘沉船进行群组展示，吸引了大量观众在这个展区流连忘返（图 8）。

多元宗教。包括佛教、伊斯兰教、基督教、印度教、摩尼教等在内，我国几大外来宗教在国内的传播发展无不与航海密切相关。我们将南京、泉州、广州、扬州、海南、天津等多地的宗教文物进行集中展示，尤其是泉州的伊斯兰教、基督教、佛教、印度教文物汇聚一堂，体会元代东方第一大港多元宗教的和谐共处，兼容并蓄，引发观众对于文化多样性的思考。

（三）辅助展示

辅助模型。航海科技相关展品是航海主题展览的重要展出对象，但这些展品例如船、舵、帆等往往因体积过大而难以展出，适当使用模型展品是较好的替代手段。水密隔舱是中国古代航海科技成就的杰出代表，也是中华民族对世界造船科技的一大重要贡献，至迟在唐代已经普遍应用，至今仍在现代造船业中广泛使用。水密隔舱理应在此次展览中展出，但是相关实物体积过大，超出展厅承载能力。我们使用精心制作的福船水密隔舱横剖面模型作为辅助展品，利于观众直观了解水密隔舱的工作原理。类似的辅助模型还有遣唐使船模型等。

辅助道具。为让观众了解中国古代也有许多像马可·波罗这样的航海家，我们找到了一批知名且著述流传至今的古代航海家，例如法显、周去非、周达观、汪大渊、马欢等，但缺乏相关文物展品。为弥补展品的缺陷，我们将这些航海家的著述制作成书籍道具，展出后竟取得意料之外的成功，从观众留言来看，很多观众都为这一专题所传递的知识感到惊讶、震撼和自豪。

四、余论

此次展览的主标题是"大海就在那"，朴实文字的背后却寄托着我们的策展初衷和愿景。为什么要航海？因为大海就在那！大海是亘古不变的存在，人类可以选择的只有对待大海的态度。历史上，我们曾选择过以海为田、发舶远洋；也曾选择过闭关锁国、片板不得下海。此次展览既展出了郑和下西洋的辉煌壮举、东西商路大通的丝路繁华；也有倭寇之乱的严重祸患、天朝上国的迷梦破碎。我们在展览中并没有阐释观点、灌输理念，但希望每一位观众都能从观展中获得启迪。

我国地域辽阔，山海资源丰富，自古以来就是一个内陆与海洋文化相得益彰的大国。然而，由于近代以来的"落后挨打"，尤其是西方列强凭借"船坚炮利"打开了中国的大门，这使得国人逐渐对传统失去了骄傲与信心，对海洋充斥着恐惧与迷茫。事实上，古代中国曾经是世界上最为强大的航海大国之一，有着令世界为之瞩目的航海创造和成就，这不仅体现在国内外的历史文献记载和学术成果上，更为地上、地下、水下所遗留至今的大量物质文化遗产所印证。博物馆是保护和传承人类文明的重要殿堂，是连接过去、现在、未来的桥梁，理应在弘扬航海文化方面发挥重要作用。我们欣喜地看到我国博物馆界的航海主题展览日益增多，但就"航海"这样重大的主题而言，我们所举办的展览不是太多而是太少了，我们的展览质量也还有很大提升空间。希望通过"大海就在那：中国古代航海文物大展"这样一个展览，让更多的博物馆关注并加入航海这个主题，携手共同讲好中国航海故事、传播好中国航海声音。

后记

从选题策划到展览最终闭幕，"大海就在那：中国古代航海文物大展"前后历经一年半的时间，期间得到了多方的鼎力支持与密切关注。

展览覆盖范围广阔、精品文物众多，作为展览人，我们非常有幸能够参与到"大海就在那"展览当中。然而举办这样一次大型原创展览，对博物馆的人力、物力、财力都是很大的挑战。由于经验不足，我们在策展与布展过程中遇到了很多困难，展览呈现的效果也有不尽如人意之处。所幸在各方支持下，展览最终得以顺利举办，为中海博第一个十年画下了圆满的句号。在不断遇到问题、解决问题的过程中积累的经验教训，也将成为我们下次展览之旅的宝贵财富。借展览图录付梓之际，我们谨对 24 家参展单位以及其他所有对展览给予过帮助的单位与个人致以最诚挚的谢意！

在展览图录编写与出版过程中，天津博物馆、广东省博物馆、广西壮族自治区博物馆、中国（海南）南海博物馆、中国茶叶博物馆、南京市博物总馆、扬州博物馆、宁波博物院、宁波市文化遗产管理研究院、泉州海外交通史博物馆、泉州市博物馆、西汉南越王博物馆、广州博物馆等诸多参展单位为我们提供了相关展品资料；杨志刚馆长、陈江馆长、陆伟副馆长、曾玲玲副馆长、陆明华研究员、毛敏副研究员于百忙之中为本书撰写了专题研究文章；文物出版社谷雨老师、张冰老师为展品拍摄与图录编辑出版不辞劳苦。在此，我们一并向付出辛勤努力的诸位同仁表示衷心的感谢！

本书编辑工作量较大，展品类型繁杂，虽历时数月、反复斟酌，因力有不逮，其中内容仍可能存在错漏之处，敬请读者批评斧正。

编　者

2021 年 10 月